Papa débutant
Mode d'emploi

100 réponses à 100 questions
qu'un homme se pose à propos de l'accouchement,
du retour à la maison, de l'allaitement, du biberon,
de la sexualité postnatale...

Comment survivre à un bébé sans devenir fou...

Lionel Paillès
avec Benoît Le Goëdec

FIRST
Editions

Mise en page intèrieure :
Natacha Kotlarevsky
Illustrations de couverture et intérieur :
Solène (www.plusdesol.com)

ISBN 2-87691-910-9

Dépôt légal : 2e trimestre 2004
Imprimé en France par Pollina, 85400 Luçon - n° L93037

Nous nous efforçons de publier des ouvrages qui correspondent à vos attentes et votre satisfaction est pour nous une priorité.
Alors, n'hésitez pas à nous faire part de vos commentaires :

Editions Générales First
27, rue Cassette
75006 Paris – France
Tél. : 01.45.49.60.00
Fax : 01.45.49.60.01
e-mail : firstinfo@efirst.com

À Yaël et à Cécile...
Évidemment.

À Benoît Le Goëdec,
qui m'a encouragé et secondé tout au long de la rédaction de ce livre.

Aux docteurs Béatrice Di Mascio et Luc Gourand,
qui m'ont offert leur expertise chacun dans son domaine.

À François, Gérard, Laurent, Mike, Thibault
et tous les autres papas, ou futurs papas,
qui m'ont nourri de leur expérience
et de leur questionnement à cœur ouvert.

« La paternité est l'un des boulots les plus durs sur Terre
et néanmoins l'un des plus convoités. »
Anonyme.

« Un tremblement de terre, un volcan, un raz-de-marée
Me secouaient de la tête aux pieds... »
CE QUI EST DIT DOIT ÊTRE FAIT, Jacques Higelin.

« Le Père Noël, il a fait caca. »
Yaël.

Préface

Le jour de l'accouchement, plusieurs naissances se télescopent : le bébé, la mère, le père. Chacun naît ou renaît.

Si beaucoup d'hommes définissent leur paternité à compter de cet instant, chacun doit vivre les moments antérieurs à la naissance. Les neuf mois de la grossesse sont des temps de cheminement nécessaires à la préparation, à la maturation, à l'acceptation de la nouvelle place à prendre dans la lignée familiale. On imagine bien que quitter sa place d'enfant, puis devenir père à son tour, ne se fait pas sans changement intérieur. C'est tout ce chemin parcouru qui permet d'accueillir l'enfant dans les meilleures conditions.

Dans ce parcours initiatique, l'homme, lui aussi, a besoin d'un accompagnement spécifique le sortant de son rôle de compagnon pour être écouté dans son individualité. C'est seulement s'il peut se laisser aller à l'expression de ses émotions, de son propre questionnement, qu'il pourra mettre en place sa paternité. C'est d'autant plus essentiel que l'homme a une place clé dans la relation triangulaire qui s'instaure : il fait entrer l'extérieur à la maison, il sort la femme de cette relation maternelle fusionnelle et donne un espace de liberté à l'enfant.

Et c'est parce qu'il reste homme, masculin dans son odeur, sa voix, ses gestes, que cela est structurant pour l'enfant. C'est donc dans les rapports physiques que la symbolique paternelle peut aussi se déployer. Mais il faut souvent l'encourager pour qu'il s'autorise à être actif dans tous les temps de la vie de l'enfant, tout en se redécouvrant comme homme dans le couple à reconstruire.

Cette sécurisation, cette écoute du père, c'est la sage-femme qui peut la prendre en charge dans les consultations à domicile ou les groupes de paroles ouverts aux jeunes pères dans certaines maternités.

J'espère que ce livre sera un complément à cet accompagnement, non comme une collection de règles formatées, mais comme une réflexion pour que chacun fasse son propre chemin dans la plus grande liberté, et qu'ainsi libéré de ses possessions multiples, l'homme puisse naître à son nouvel état : celui de père.

Benoît Le Goëdec,
sage-femme

Sommaire

Introduction

Au commencement, j'étais sur un nuage. Capitaine du nuage pour tout dire. Neuf mois de bonheur insouciant. Après une longue soirée télé à compter les contractions comme on compterait les moutons à la fin des programmes d'Arte, j'ai été soudain téléporté en salle de travail à la Pitié-Salpêtrière. Sans la combinaison spatio-disco-temporelle du capitaine Kirk, mais avec une charlotte au moins aussi ridicule sur la tête (sur George Clooney, ça le faisait pourtant !), une blouse transparente très chic et des surchaussures qui me faisaient des pieds de Mickey, je flottais dans une douce et molle torpeur. Ce bébé-là, ce petit chat taillé dans la porcelaine de Gien, s'il ne me ressemblait que vaguement, et encore, de loin, c'est comme si je l'avais toujours porté… dans mes bras. Moi, pataud ascendant empoté, je n'avais même pas peur de le laisser tomber. L'état de grâce, quoi. Je frimais gentiment devant les puéricultrices et les sages-femmes, je faisais passer Yaël d'une épaule à l'autre, du creux de mon bras à mon l'épaule. Ça semblait si facile à cet instant. Jusqu'au taxi. Jusqu'au retour à la maison. Là, derrière la porte blindée trois points, la belle histoire a viré au cauchemar familial : les biberons qui reviennent toutes les trois heures ; les pleurs du bébé parce qu'il a mal, mal aux fesses, aux dents, aux cheveux, parce qu'il a faim, froid, soif, parce qu'il a fait caca (rayer les mentions inutiles) ; les trips angoissants autour du berceau : « ça fait longtemps qu'elle n'a pas respiré, non ? » Soudain, tout devenait lourd, compliqué, grave, technique. Tout n'était plus que questionnement. Adieu, légèreté de ma vie d'avant !
Ça nous a pris une poignée de jours pour s'apprivoiser, elle et moi. Au fil des biberons et des changes, j'ai pris confiance, j'ai

commencé à lire le bébé dans le texte. Je crois que j'ai créé une vraie relation avec ma fille le jour où j'ai compris qu'en l'écoutant, en la regardant, je trouverais moi-même la plupart des réponses aux questions que je me posais.
Vous aussi vous y aurez droit, vous aussi, vous passerez par des moments de panique, d'épuisement, de l'euphorie au découragement. Vous aussi, vous pataugerez dans la semoule, les couches, et tout le reste, et puis vous découvrirez que regarder simplement ce nouveau-né allongé là, devant vous, est une expérience bien plus renversante qu'un saut en parachute, un trekking de l'autre côté du monde ou n'importe quelle finale de coupe du monde de foot, de rugby, ou de n'importe quoi d'autre.
J'espère que ces petits conseils pratiques glanés dans mes souvenirs pas si vieux que ça, et auprès des spécialistes de la petite enfance, vous aideront à dédramatiser, à traverser plus aisément cette expérience inoubliable et à vous convaincre que le meilleur papa que votre enfant puisse espérer : c'est vous !
Et chaque fois que vous verrez apparaître la rubrique « mon truc en plus », vous trouverez le témoignage d'un papa passé par les mêmes galères que vous et qui vous donne sa solution, son astuce, bricolée sur le tas.
Bonne chance, jeune papa (tu permets que je t'appelle « papa » ?), et ouvre grand tes yeux bleu océan d'aventurier, car l'émerveillement que tu vas vivre là, tu ne le revivras pas de sitôt ! Peut-être jamais.

Lionel Paillès

CHAPITRE 1

Dernières heures en duo

Les contractions ont commencé depuis un petit moment, comme un joli compte à rebours que rien ne peut plus arrêter... Il peut se passer plusieurs heures avant que vous partiez pour la maternité... Vous vivez ces derniers instants à deux et vous vous demandez tout seul :

- Après combien de contractions dois-je éteindre la télé ?
- Est-ce que je peux appeler un taxi pour aller à la maternité ?
- Qui va nous accueillir à notre arrivée à la maternité ?
- Si je n'assiste pas à l'accouchement, suis-je un lâche ?
- Que dois-je lui dire pour la rassurer ?
- Ne vais-je pas être débordé par la vitesse des événements ?...

Comme si vous y étiez...

Les derniers jours de votre ancienne vie, vous les vivez en apesanteur, vous avez la tête toute retournée, vous oubliez vos clés, votre veste, votre adresse...

C'est comme si vous viviez dans un champ de coton... Pas désagréable, plutôt confortable même, cet état. Vous vérifiez toutes les cinq secondes que votre mobile est bien raccroché, que vous avez le réseau (vous n'allez même plus déjeuner à l'Écluse vu que c'est à la cave, et qu'à la cave, ça ne passe pas). Jusqu'à cet appel... Pas la Valise RTL, non, c'est Elle : « Tu peux rentrer ? »

Vous lui épargnez vos blagues débiles (« Non, là, j'ai du boulot... ») et vous obtempérez : vous rangez vos crayons comme si vous partiez pour longtemps, pour les « grandes vacances », et vous saluez vos collègues, qui vous le rendent bien...

Dans la demi-heure, vous êtes à la maison, et encore, vous auriez pu faire mieux s'il n'y avait pas eu ce type-là, qui a sauté dans le tunnel pour échapper aux contrôleurs de la ligne 8...

Les contractions se rapprochent tellement que vous pouvez presque les voir...

Vous n'êtes même pas paniqué, juste un peu sur les nerfs. Un taxi vous emporte dans l'aube grelottante (on accouche toujours au petit matin, allez savoir pourquoi). Ça vous va à merveille cette légère buée, là,dans vos yeux...

« Ma femme va accoucher dans une maternité de type 3. Est-elle plus en sécurité ? »

Les maternités en France son classées en fonction de leur spécialisation. Sachez que quand on parle de maternités de type 1, 2 ou 3, c'est une classification pédiatrique, pas obstétrique. Ce qui signifie que chaque maternité de France dispose de l'équipement nécessaire pour prendre en charge un nouveau-né à la naissance, même s'il devait y avoir recours à la réanimation ! C'est dans la suite du suivi pédiatrique que toutes les maternités ne sont pas équipées pareillement. Mais ne croyez pas que cette classification signifie que certaines sont plus compétentes que d'autres, que les sages-femmes sont plus nombreuses en niveau 3 ou que les salles de naissance sont du dernier cri décorées par Starck ou équipées par la NASA. Alors s'inscrire dans un établissement de niveau 3 alors qu'on vit une grossesse normale, c'est non seulement une bêtise, mais une erreur : votre compagne risque tout bêtement de se retrouver très médicalisée, entourée de tubes et d'électrodes, et laissée pour compte car les sages-femmes se concentreront sur les cas difficiles. Si votre femme ne souffre d'aucune pathologie particulière, il est plus sage que vous alliez dans un établissement de niveau 1 (ou 2 si ça vous rassure), sachant qu'en cas de problème, elle sera transférée dans la maternité adéquate.

« Comment gérer cette ambiance très médicale qui me fait presque plus peur que l'accouchement lui-même ? »

Évidemment, il y a toutes ces blouses blanches ou vertes et cet équipement de pointe qui vous rappellent tour à tour votre opération de l'appendicite à 7 ans et demi ou un épisode d'Urgences de la saison 3 ou 4. Et pour celui qui n'aime pas l'hôpital, ça n'aide pas. Vous pouvez toujours découvrir cette salle de travail, qui vous fait froid dans le dos, goûter son ambiance, vous familiariser avec elle, avant le jour J. Dans le cadre de certaines préparations à l'accouchement, vous avez la possibilité de visiter les lieux, en couple. Mais pour de fausses raisons d'hygiène, c'est de moins en moins vrai. Alors, il faut y aller au culot : faites votre VRP en goguette, sonnez, et dites : « Tels que vous nous voyez là, on sort de consultation et l'on voudrait voir une salle de travail. » Si vous demandez gentiment (sans critiquer le vert rainette très seyant des blouses), si ce n'est pas le rush, et si toutes les salles ne sont pas occupées, il n'y a pas de raison pour que vous essuyiez un refus. En revanche, inutile de téléphoner préalablement, ce sera « Niet » à tous les coups !

« Ça peut vraiment arriver de rater le "grand rendez-vous" ? »

Dans vos cauchemars ou dans les mauvais films, oui. Un « travail », c'est long, c'est tranquille. On n'accouche pas en une heure (pas moins de dix à douze heures pour une femme primipare – dont c'est le premier enfant ; la moitié de ce temps est passée à la maison, l'autre moitié à la maternité). De toute façon, depuis que votre compagne approche du terme, on voit bien que vous êtes à l'affût, que vous ne vous éloignez pas de plus de 3 km de la maison. Vous scrutez la circulation sur le périphérique pour repérer la route que vous allez emprunter. Et Elle, vous pouvez lui faire confiance, Elle sait ce qui se passe. Le signal de départ, il vient d'Elle, c'est son coup de fil. Même si vous êtes au bureau, vous avez largement le temps de revenir chez vous, et même, une fois arrivé, de prendre du temps à la maison avec votre compagne, pour vous relaxer, manger un morceau, la cajoler.

« Je me sens démuni… Qu'attend-elle de moi, au juste, à ce moment-là ? »

Votre simple présence la rassure. En étant là, vous créez autour d'Elle un climat de calme, de douceur et de patience. C'est tout ce que vous avez à faire. N'imaginez pas autre chose : des gestes techniques, des choses folles ou compliquées… Non. Votre présence suffit. Éventuellement, faites-lui couler un bain chaud dans lequel Elle pourra se détendre.

« On m'a dit qu'il existait des groupes de parole pour les jeunes pères dans les maternités. De quoi s'agit-il exactement ? »

Eh, oui, pour se préparer à devenir papa, vous pouvez bénéficier de petits cours du soir, comme pour apprendre le point de croix, la peinture sur soie, ou le dessin sur table. Malheureusement, il en existe assez peu sur le territoire (voir annexes en fin d'ouvrage). Dans les préparations classiques, les hommes peuvent être mal à l'aise d'être réduits au rôle de simple accompagnateur, de spectateur pour dire vrai. L'objectif de ces groupes lancés il y a presque trente ans à la maternité des Lilas par le

Dr Gérard Strouk, gynécologue accoucheur, c'est d'offrir aux hommes, au cours de la grossesse, et parfois après l'accouchement, un temps et un espace de parole bien à eux, sans la présence de leur compagne ou d'autres femmes. Comme ils se retrouvent uniquement entre eux, ils se parlent, osent, se lâchent, ils s'autorisent à parler beaucoup plus librement. Ces groupes peuvent vous permettre de dédramatiser et de vous rendre compte que tous les hommes se posent à peu près les mêmes questions au même moment. Souvent, les femmes elles-mêmes incitent leurs compagnons à s'y inscrire. C'est vous qui voyez.

« J'ai peur de ne pas me sentir tout à fait concerné par un nouveau-né... Que faire ? »

Cette réaction est, somme toute, assez courante. C'est la raison pour laquelle vous devez construire votre relation avec votre petit bout dès les toutes premières heures de sa vie en le prenant par exemple dans vos bras à la maternité, en lui donnant son bain peut-être. Plus vous créez la relation tôt, plus elle existera tôt. Si vous avez cette crainte, c'est que vous n'avez pas conscience que ce nouveau-né a de vraies compétences dès sa naissance. Dites-vous bien qu'il est actif dans la relation : il soutient le regard, il réagit à vos mots, vos gestes, il peut serrer votre doigt, puis très vite sourire, vous imiter même. Allez vers lui, changez-le, bercez-le dès qu'il pleure. Vous verrez qu'il se passe des choses avec lui. Ne restez pas spectateur, vous auriez l'impression qu'il ne se passe rien. En vous apercevant que ce bébé réagit très vivement à votre présence, vous aurez envie d'y revenir, d'aller plus loin dans ce contact.

« Après combien de contractions dois-je éteindre la télé pour emmener ma femme à la maternité ? »

« Y a pas l'feu au lac ! », comme on dit dans les maternités helvétiques ! Si vous arrivez trop tôt à la maternité, d'abord, on risque de vous renvoyer dans vos pénates en vous disant : « Deux centimètres, c'est tout ? » (le col de l'utérus se dilate jusqu'à 10 cm pour laisser passer le bébé ; deux centimètres, ce sont juste les prémices), et puis vous serez plongés dans une ambiance médicalisée, donc stressante, qui ne favorise pas forcément l'avancée du « travail ». Le temps, là-bas, va vous sembler plus long. Alors, autant rester chez vous le plus longtemps possible : la moquette est douce, le bain est chaud (une trempette prolongée peut même aider le travail), la musique est bonne, et puis ce n'est pas à la maternité que vous verrez Mission impossible 2. Profitez. Mais partez lorsque :

1. Les contractions se succèdent toutes les dix minutes depuis environ deux heures (elles ont eu le temps d'agir sur le col de l'utérus) ; quand les contractions durent entre 30 et 70 secondes chacune et sont suffisamment intenses pour

empêcher votre femme de s'adonner à toute autre activité, c'est que le travail a bel et bien commencé.

2. Madame a perdu les eaux : une petite partie du liquide amniotique s'est échappée car la poche des eaux s'est rompue. Vous ne pouvez pas vous tromper, c'est un liquide clair comme de l'eau du robinet. Là, après lui avoir fait prendre une douche, vous filez tout de suite car il y a risque d'infection (veillez, autant que faire se peut, à ce qu'Elle soit couchée pendant le trajet ; en aucun cas, vous ne devez y aller à pied). Sachez que votre femme est compétente par nature ; Elle porte la connaissance en Elle, Elle est dans le sensoriel. Ayez confiance en Elle, écoutez-la. Si elle vous dit : « Euh... On y va ? », ne lui rétorquez pas, « Mais attends, ça va, on a le temps... Tu n'as eu que de petites contractions », tout ça parce qu'il est 3 h du matin et que vous voulez dormir. Emmenez-la : Elle sait, Elle sent, c'est sûr.

Mon truc en plus !

« Je n'ai pas le permis de conduire et j'étais angoissé de ne pouvoir conduire Marie à la maternité. Alors, j'ai déniché 3 ou 4 noms de compagnies d'ambulances à la maternité. Du coup, j'étais serein, je les avais toujours dans ma poche et j'étais fier de prendre les choses en main comme un conjoint conducteur pouvait le faire. » Denis, 32 ans, papa d'Isabelle, 7 mois.

« Légalement, je dois informer le chauffeur de taxi que ma femme est enceinte ? »

Légalement, vous devez le payer, c'est tout. Si vous commandez un taxi par téléphone (je ne vous conseille pas d'en héler un dans la rue : en voyant votre compagne enceinte jusqu'aux yeux, il peut passer son chemin), vous n'êtes pas obligé de dire que votre femme est enceinte de 9 mois, 3 heures et 27 minutes, qu'Elle en est à 9 cm, et que vous hésitez sur la péridurale. Quand la voiture viendra vous chercher, mentionnez juste l'adresse au chauffeur, sans lui dire que c'est une maternité. Il faut comprendre le chauffeur, qui voit déjà Madame en train d'accoucher sur ses housses de sièges toutes neuves, en moleskine imitation 1956. Et puis, dans la précipitation, n'oubliez pas de demander une facture : en l'adressant à la Sécu, vous serez remboursés.

« Si je n'ai pas de voiture, est-ce que je n'abuse pas si j'appelle une ambulance pour aller à la maternité ? »

Vous pouvez y aller en bus, en calèche, en tramway, mais ce n'est pas ce qu'il y a de plus confortable. Si vous optez pour l'ambulance (la Sécu vous rembourse deux allers et un retour : vous avez droit à l'erreur une fois), ça se prépare les jours précédents : vérifiez que la compagnie fonctionne bien 24 h/24 h, et sachez que plus il y a de distance entre chez vous et la maternité, moins vous avez de chances d'avoir un véhicule : ils

Si vous voulez la rassurer un peu, dites-lui...

« J'ai le sentiment que ça va aller très vite. »
« J'espère qu'il/elle te ressemble. »
« Tu fais ça très bien. »
« Tout est prêt : on peut y aller, ma chérie. »
« Je t'aime. »

mais évitez de lui dire...

« Chérie, tu es sûre que c'est ça ? »
« On ne va pas y aller pour rien... C'est à 30 minutes d'ici ! »
« Essaye de te détendre... Le plus dur, c'est après ! »
« Tu imagines, pour Odile, ça a duré 30 heures ! »
« Je sais ce que tu ressens. »
(Non, vous ne le savez pas !)

sont payés au déplacement, pas au kilométrage. Si vous n'avez pas de moyen de transport, vous pouvez aussi composer le 15 : si vous dites que votre femme est « en travail », on vous trouvera un véhicule. Soyez rassurant : ce n'est pas la peine de faire déplacer le SAMU s'il n'y a pas urgence ; on vous enverra de toute façon une ambulance classique. Et s'il y a urgence, justement, si vous paniquez un peu, appelez les pompiers (18).

« Si c'est la panique, puis-je transporter ma compagne dans n'importe quelle maternité ? »

Oui, si les circonstances l'imposent. 1er cas : vous être surpris par l'évolution du travail, vous avez peur, ou vous êtes en week-end, en vacances, donc éloignés de la maternité qui suit votre compagne depuis quelques mois. Vous pouvez débarquer dans la maternité la plus proche (grâce à l'Internet, ou au fax, on peut consulter votre dossier médical sans avoir à refaire tous vos examens), on ne vous mettra pas dehors, sauf s'il ne s'agit pas de la maternité. 2e cas : il peut y avoir un surbooking, ce qui arrive très régulièrement dans les grandes villes. Le problème n'est pas ici la salle de travail (on peut toujours s'arranger pour accoucher une femme dans un lieu qui n'est pas nécessairement une salle d'accouchement), mais le nombre de lits (depuis l'an 2000, on enregistre 40 000 naissances de plus chaque année sans que les capacités d'accueil aient changé). La règle absolue, c'est que toute maternité publique doit accueillir n'importe qui, à n'importe quel moment (il y a une permanence de sage-femme à toute heure du jour et de la nuit).

« S'il n'y a pas de place à la maternité, ma compagne pourra-t-elle quand même accoucher ? »

Il manquerait plus que ça ! Si le travail a démarré, on ne peut pas empêcher ou différer un accouchement ; quand le déterminisme du travail a eu lieu, impossible d'enrayer la machine. C'est parti, c'est parti. Dans ces conditions, ne vous inquiétez pas : vous aurez une place.

« Ma compagne voudrait que sa sœur l'accompagne avec moi. Est-ce souhaitable ? »

Dans la plupart des hôpitaux ou des cliniques, Madame n'a droit qu'à une personne accompagnatrice : il est très rare qu'on en accepte davantage pour des raisons d'hygiène. Si plusieurs personnes entrent, elles vont se déplacer, brasser l'air... Or, il est nécessaire d'avoir une salle avec le moins de germes possibles par mesure de sécurité envers le bébé et la maman. La personne accompagnatrice devra généralement mettre une

surblouse et des surchaussures pour éviter de transporter les germes de l'extérieur dans la salle. Elle devra les enlever chaque fois qu'elle quittera la salle et les remettre en rentrant. Profitez de ce moment pour faire entrer la sœur de votre compagne à votre place.

« Si je n'assiste pas à l'accouchement, suis-je un lâche ? »

On n'a pas à « assister » à l'accouchement, on a à le vivre. Il s'agit d'être ensemble dans l'événement, d'être tout entier dans le moment. Concrètement, ça signifie que même si vous restez dans le couloir (ou même à la maison !) mais qu'Elle vous sait à côté en train de penser à Elle et que vous êtes en communion avec elle, ça suffit. Cette sécurisation affective, c'est ce qu'Elle attend de vous. Rassurez-vous : il n'est pas égoïste de penser à soi à ce moment-là. Si vous ne le sentez pas, n'y allez pas. Elle comprendra. Et dites-vous que dans d'autres cultures, on voit l'homme vivre l'accouchement avec ses propres rites, sans être aux côtés de sa femme : on l'accompagne sur son chemin, on le fait danser, il vit l'événement de son côté, mais son esprit et celui de sa femme ne font qu'un.

« J'avais décidé d'y assister, mais là, je ne le sens plus trop. Comment le lui dire à ce stade ? »

Dites-le-lui franchement, il est encore temps. Pour pouvoir faire votre chemin de futur père, pour accueillir cet enfant, il faut vivre l'événement comme vous l'entendez, à votre rythme (cette naissance, c'est aussi votre naissance à vous). Il ne faut pas aller au-delà de ce qu'on a envie de vivre, c'est trop violent. Prévoyez juste le coup en prévenant votre compagne à l'avance que vous pouvez changer d'avis et en appelant éventuellement quelqu'un pour la soutenir. Sa sœur, peut-être, ou une amie (évitez sa mère, ou la vôtre).

« Vais-je reconnaître ma femme dans cette explosion d'émotion et de violence qu'on me décrit ? »

Il faut que vous soyez prévenu qu'un accouchement, comme un orgasme (si, si), c'est comme une parenthèse dans la vie, un moment suspendu, presque hors du temps. C'est la vie, mais pas exactement la vie. À cet instant, votre compagne n'est plus elle-même ; vous non plus, d'ailleurs. C'est un état où l'on plonge au plus profond de soi, où l'on se débarrasse de toutes ces couches d'éducation, de tabous, de tout. On perd toute retenue, et l'autre prend ça en pleine figure. C'est parfois très violent : depuis sa première et dernière cuite, pour ses 17 ans, vous ne l'avez jamais vu s'agiter comme ça, hurler, suer, insulter, ou bien, au contraire, Elle ne vous est jamais apparue aussi calme. N'ayez pas peur de ça. Et si c'est trop pour vous, sortez, allez prendre l'air. Mais ne l'empêchez pas d'aller jusque-là, elle doit vivre ce lâcher prise pour devenir mère. Mais attention, elle peut très bien ne pas vous reconnaître non plus : vous serez peut-être mutique alors que vous êtes bavard ou agressif alors que vous êtes un vrai calme. Sachez-le simplement, et tout se passera bien, tout rentrera dans l'ordre après.

« Si Elle a mal, est-ce que je peux exiger qu'on lui pose une péridurale tout de suite ? »

C'est Elle qui décide, pas vous (vous avez fait médecine, d'ailleurs, ou quoi ?). Maintenant, si Elle le veut, vous pouvez appuyer sa demande auprès du personnel. Mais évitez de péter les plombs et d'insulter tout le monde si on ne vous donne pas satisfaction. Conservez à tout moment le dialogue avec l'équipe, restez diplomate, toujours ouvert au dialogue. Affirmez votre point de vue, mais en discutant. Après tout, c'est comme quand vous vous braquez à la Poste, ça n'avance pas plus vite. Parfois, même moins. Plus vous demanderez les choses gentiment, plus on vous respectera. Si on vous dit une fois que l'anesthésiste n'est pas disponible, n'insistez pas davantage. Je sais bien que vous vous êtes enfin découvert un rôle actif dans cette maternité où vous n'avez rien à faire d'autre qu'attendre que votre femme fasse tout, mais quand même...

« La maternité d'accord, mais où faut-il se présenter exactement ? »

Inutile de prévenir en passant un coup de fil, il y a toujours quelqu'un ! A votre arrivée à l'hôpital, si vous avez perdu votre sens de l'orientation légendaire dans un flot continu d'émotion, suivez toujours les panneaux « Urgences maternité » dans le dédale des allées. C'est là que vous serez pris en charge par une infirmière ou une aide-soignante. Vous n'avez qu'une chose à faire : lui décliner l'identité de votre moitié. Elle va alors chercher son dossier médical ainsi qu'une sage-femme.

« Qui va nous prendre en charge à notre arrivée ? Un médecin ? Une infirmière ? Un gardien ? »

La sage-femme vous conduit tous les deux dans une petite salle de soins infirmiers : prise de tension de madame, température, analyse d'urine. Après, on lui fait passer examen obstétrical : toucher vaginal pour voir où en est le travail (s'il a démarré) ; vérification de la présentation du bébé (siège en bas ou pas). Si la future maman n'est pas « en travail », vous pouvez faire chauffer les clés de l'Opel : vous repassez par la case « maison ». Sinon, on lui pose quelques questions sur le rythme et l'intensité de ses contractions, l'heure de son dernier repas et la prise éventuelle de médicaments. Puis, on lui installe le joli monitoring sur le ventre, un appareil destiné à surveiller électroniquement le rythme de travail de l'utérus et à vérifier que ce travail est toléré par le bébé.
A l'aide d'un brassard, on enregistre (en continu pendant une heure, puis de temps en temps) sa tension artérielle.

Ma trousse de survie pour l'accouchement

On sait quand on entre dans la salle de « travail », mais on ignore quand on en sort. OK, vous ne partez pas pour un trekking... mais c'est pas loin. Alors, on s'équipe, et bien avec ça...

- Des vêtements en « couches » : s'il fait froid dehors, il y a une atmosphère de salle des machines à l'intérieur (sans parler de l'adrénaline qui réchauffe encore votre petit corps). Alors, mieux vaut pouvoir s'alléger très vite.
- Un T-shirt de rechange.
- Un casse-croûte pour éviter l'hypoglycémie due au stress (un sandwich, un paquet de Finger...), une bouteille d'eau (il faut boire pour éviter de s'endormir).
- Une carte téléphonique ou bancaire, des pièces de 20 et 50 centimes d'euro pour le téléphone (beaucoup de maternités refusent l'usage du mobile).
- Un agenda avec les numéros de téléphone de vos proches (un numéro est si vite oublié au milieu de toute cette belle émotion).
- Un appareil photo chargé (même chose pour l'émotion).
- Un bouquin facile à lire (genre roman de gare : le temps est parfois long) ou un journal.
- Une brosse à dents, des lingettes rafraîchissantes.
- Un lecteur et quelques CD que vous aimez particulièrement.
- Un petit cadeau pour Elle, que vous lui offrirez dès votre retour à la chambre.

Après, c'est vous qui voyez. Tout est bon pour vous rassurer, vous protéger, vous donner un support, vous créer votre petit ancrage à vous.

Si vous voulez la bluffer...

Suggérez-lui de ne se maquiller ni les lèvres, ni les ongles, ni les yeux : la sage-femme pourrait avoir besoin d'en vérifier la couleur pour un diagnostic quelconque.

Si elle n'a pas encore perdu les eaux, la sage-femme pratique une amnioscopie pour vérifier que le liquide dans lequel baigne le bébé est bien clair. Elle note aussi la température, contrôle l'absence d'albumine dans ses urines (petit pipi dans petit pot) et effectue une prise de sang pour connaître le nombre de plaquettes : pour que la future maman puisse bénéficier de la péridurale, il faut en compter au moins 100 000 (en dessous, il y a un risque d'hémorragie). Après, le circuit varie en fonction des situations : soit le travail est déjà avancé, et votre compagne veut une péridurale, vous allez alors en salle de naissance ; s'il le travail a à peine démarré, vous allez en salle de pré-travail avec une surveillance discontinue ; si elle ne veut pas de médicalisation, mais que le travail est avancé, on vous met dans ces mêmes salles-là pour que vous viviez votre vie, que madame marche, qu'elle soit plus libre (elle n'a pas forcément de perfusion, juste un une arrivée non branchée). C'est le moment de dire ce que vous avez sur le cœur : où voulez-vous être, là, pas là, à côté, comment voulez-vous vivre les choses ? Exprimez-vous, posez des questions, c'est le moment ou jamais !

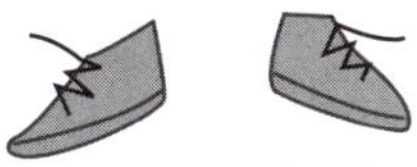

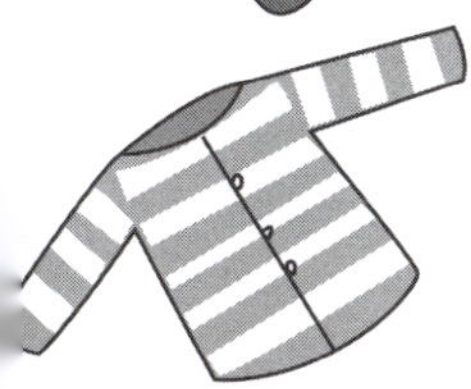

Le paquetage du bébé à ne pas oublier

Vous qui oubliez tout, pour une fois, pensez au trousseau du bébé. Elle sera tellement fière de vous en voyant que vous vous en êtes chargé.

- 6 à 8 bodies : choisir la forme croisée, qui s'enfile plus facilement.
- 3 brassières ou gilets en laine : utiles, car un nouveau-né ne doit pas avoir froid.
- 8 grenouillères pour le changer plusieurs fois par jour.
- 1 paire de chaussons et 2 paires de chaussettes à mettre sur sa grenouillère pour qu'elles restent bien en place et que votre bébé n'ait pas froid aux pieds.
- 1 gigoteuse pour tout-petit ou un surpyjama : il s'y sentira tout de suite à l'aise.
- 4 à 6 bavoirs.
- 5 ou 6 serviettes de toilette pour en avoir toujours une propre et sèche.
- 1 peluche : elle deviendra peut-être son doudou !
- 2 paquets de couches en tissu pour essuyer les petites régurgitations et protéger vos vêtements (idéales pour mettre sous la tête de votre bébé dans le berceau).
- 1 petite brosse à cheveux pour la toilette de votre bébé. À la maternité, les puéricultrices ont tout ce qu'il faut pour le bain et les soins. En général, chaque pédiatre vous indique ce qui est nécessaire pour le retour à la maison.
- Des couches. Souvent, la maternité propose un forfait. Mais n'oubliez pas le retour à la maison ! Pensez à mettre sur le dessus du sac ou de la valise le body et le pyjama que vous voulez lui voir porter à sa sortie dénudée du ventre de maman !

CHAPITRE 2

Dans ce qu'ils appellent « la salle de travail ... »

Vous venez d'atterrir dans ce qui peut ressembler à un bloc opératoire, vous allez y passer quelques centaines de minutes très certainement, et vous avez le temps de vous poser un paquet de questions :

- Est-ce que je ne risque pas de tomber dans les pommes ?
- Qu'est-ce que je peux faire pour me rendre utile sans gêner ?
- Suis-je obligé de couper le cordon ?
- Si ma femme accouche par césarienne, pourrai-je y assister ?
- Ne risque-t-on pas d'échanger notre bébé contre un autre ?
- Au fait, elle fait quoi la sage-femme ?...

Comme si vous y étiez...

Vous êtes enfin dans le Saint des Saints. Là où tout se passe. C'est à peu près ce que vous imaginiez : une usine, une centrale nucléaire, un truc très technique, une machine bien huilée, tellement bien que ça a plutôt l'air de bien marcher sans vous... Vous vous cognez à tout et à tout le monde, on ne vous voit pas... Il n'y a même pas un siège pour vous, c'est dire ! Vous percevez un peu de musique de l'autre côté, pas mal de « Madame, vous avez mal, là ? » En sortant, pour avaler un Coca, vous croisez quelques mecs émouvants en tenue stérile, qui s'y reprennent à trois fois avant de faire entrer leur pièce de 50 centimes d'euro dans le distributeur de boissons vide... Lentement, vous vous installez dans la situation. Vous créez une relation presque amicale avec la sage-femme. Vous parlez de tout, de rien, des Antilles. De la neige. Le temps s'étire. Ça dure, mais ce n'est pas long. Vous n'êtes pas paniqué, juste impuissant, désarmé. Vous n'avez de prise sur rien. Vous ne savez pas quoi faire de vos mains, de vous. Vous parlez à votre compagne, bien sûr, vous essayez de la rassurer. Que des banalités. De belles banalités. Vous vous laissez porter. Vous vous dites que le dénouement attendu aura bel et bien lieu, quoi que vous fassiez ou ne fassiez pas. Vous avez tellement raison. Le voilà. Il est beau. Comme Elle !

« Moi qui ne supporte pas la vue du sang... Est-ce que je ne risque pas d'avoir la honte de ma vie en tombant dans les pommes ? »

Autrement dit : êtes-vous obligé de regarder l'accouchement en live si vous avez décidé de venir ? En fait, vous pouvez, mais rien ne vous y oblige. Pour avoir une petite idée de ce qui vous attend, je vous conseille de regarder une cassette montrant un accouchement (pas celle de votre pote Rémi, mais une bonne VHS vendue dans le commerce !). Vous pouvez aussi, à la maternité, visionner un film montrant plusieurs accouchements, la sortie du bébé, mais aussi l'attitude de chacun des protagonistes (l'idée étant de se rendre compte qu'on n'attend pas de vous un rôle très précis, que chacun vit ça à sa façon).
Cela dit, il y a un fantasme de la violence de l'accouchement avec le sang, les cris, les pleurs hystériques et la douleur. Ce qui serait vrai si l'on était purement spectateur de la scène ne l'est plus du tout sitôt que le père est, lui aussi, dans l'action, et ce, même s'il ne prend pas particulièrement les choses en main. Tout ça pour dire que tout ça n'est pas aussi insoutenable que vous pouvez vous l'imaginer.

« Elle ne veut pas que je sois là le jour d'accouchement. Comment la convaincre de me laisser entrer dans la salle de travail ? »

Vous savez, l'accouchement est un moment violent, elle peut penser qu'elle sera moins séduisante qu'à l'habitude, plus animale ; elle peut craindre que vous ne le désiriez plus après ce choc émotionnel ; elle peut croire aussi que vous ne serez d'aucun secours dans un univers médicalisé que vous n'appréciez guère. Vous pouvez commencer par la rassurer en lui expliquant vos motivations à partager ce moment merveilleux avec elle, à vivre le tout premier cri de votre enfant.
Et dès que vous aurez saisi ce qui la pousse à vous demander de rester en dehors de tout ça, vous pourrez peut-être arriver, avec elle, à une solution qui vous permette de ne pas rater la naissance de votre enfant. Vous pouvez peut-être lui proposer d'être près d'elle pendant le travail, puis de sortir au moment de l'expulsion pour revenir après. Entre nous, il y a de bonnes chances pour que, si vous ne fassiez pas de faux pas pendant le travail, elle vous demande elle-même de rester pour la soutenir sur la fin. Expliquez lui qu'on peut mettre un drap sur ses jambes et que, dans ces conditions, vous ne pourrez rien voir… Vous pouvez aussi lui dire que vous n'entendez pas regarder, faire un reportage ou un documentaire, mais simplement rester à ses côtés, pour lui tenir la main, la rassurer, la caresser… Discutez-en tranquillement, en lui disant que vous comprenez, mais que pour vous c'est important et que peut être pouvez-vous arriver à un bon compromis. Et si c'est un « niet » définitif, vous devrez vous soumettre à cette décision, mais au moins, vous saurez pourquoi.

Si vous voulez la bluffer...

- Dans l'ambiance surchauffée de la maternité, elle se demande pourquoi on habille le bébé. Dites-lui : « Il vient de vivre pendant 9 mois à une température constante de 37° C, la tienne. En naissant, il se retrouve à 22° C dans la « salle de travail » et il se refroidit très vite en perdant 1 à 2° C. Il met deux jours à revenir à une température de 37° C. »
- Il y a trente ans, le docteur Leboyer, un gynécologue, a chassé des « salles de travail » la brutalité de la naissance : les bébés tenus tête en bas par les pieds dans l'attente du cri, les lumières aveuglantes, les gestes médicaux inutiles qui tuent toute émotion. Aujourd'hui, les sages-femmes et les médecins réchauffent leurs mains et le stéthoscope avant de manipuler les bébés, on parle moins fort, et l'on a augmenté le chauffage.

« Un copain m'a conseillé d'acheter une balle de tennis pour masser le dos de ma femme. C'est efficace ? »

Même si vous avez un revers déplorable, la balle, c'est un bon moyen de masser facilement sans exercer trop de pressions localisées, donc douloureuses. Mais les mains, c'est encore mieux. Le toucher, c'est idéal dans les phases de tension, entre deux contractions. Allez au contact de son corps à Elle, dans les phases de détente, entre deux contractions, et dans les phases de la douleur si Elle vous le demande. Tout type de massage est approprié : le bas du dos, les épaules et la nuque, le crâne. Faites des petits palpers-roulers locaux, ça fait énormément de bien.

« Est-ce que je ne vais pas être débordé par la vitesse des événements ? »

Encore une fois, c'est très long un accouchement. Et pendant des heures, on reste à deux dans la « salle de travail ». La sage-femme vient faire le point à peu près toutes les heures, puis s'en va. Le temps s'arrête un peu, on parle, on rit, on somnole, on fait silence aussi. Ce n'est pas l'effervescence qu'on imagine, l'espèce de scène d'hystérie, mais plutôt un moment très chaleureux, et même intime d'une certaine manière. On oublie vite l'appareillage médical qui est là au cas où, et l'on vit ça comme une aventure à deux ! Quant à la précipitation des derniers instants, certains jeunes papas parlent au contraire de « film au ralenti ».

« On m'a dit que dans les CHU*, on pouvait être accouché par un étudiant. C'est vrai ? »

Jamais vous n'aurez affaire qu'à un ou une étudiante. Il y a toujours un binôme : étudiant sage-femme et une sage-femme. Cela dit, quand on va dans un CHU, on accepte, par principe, la présence d'un étudiant : c'est son lieu de formation. Côté médecin, il n'y aura pas d'étudiant et là, et, s'il y en avait un, vous pouvez vous opposer à son intervention. Rassurez-vous : quand l'interne est débutant, il n'est pas dans un centre de grosse pathologie. On peut discuter, on s'arrange toujours, mais il faut comprendre que ça fait partie du choix, sinon, ils ne pourraient pas être formés. Et puis accepter un étudiant, ça ne veut pas dire accepter qu'il y en ait trois ou quatre qui regardent l'accouchement («Ah, un bébé qui naît par le siège, j'en ai jamais vu, venez ! »). Demandez qui est qui, car les gens ne se présentent pas toujours (En cas de problème, si vous voulez vous adresser au bon Dieu plutôt qu'à ses saints, sachez que la hiérarchie se présente comme ça : Interne, externe, chef de clinique), et si vous n'êtes pas rassuré, dites-le !

* Centre hospitalier universitaire

Les 3 étapes de l'accouchement

Vous vouliez savoir comment ça se passe exactement, mais vous aviez une vision un peu parcellaire. Il n'y a qu'à demander...

1. La dilatation est la succession des contractions qui vont permettre au col de l'utérus de s'ouvrir pour laisser le passage à la tête de l'enfant. C'est l'étape la plus longue. Et au fur et à mesure de l'avancée du travail, les contractions vont devenir plus douloureuses : c'est à ce moment que votre compagne peut demander la péridurale. La sage-femme vient régulièrement l'examiner jusqu'à ce que le col atteigne 10 cm de dilatation.

2. Une fois le col dilaté, il faut aider le bébé à sortir. L'expulsion est une phase très active : les pieds dans les étriers, madame doit pousser au rythme des contractions. Pas d'inquiétudes à avoir, le médecin et la sage-femme l'aideront dans cet effort. Lorsque la tête du bébé sera bien visible, le médecin essaiera de la sortir entièrement. Quelques contractions supplémentaires, encouragées par la sage-femme, vont expulser le corps du bébé. Et voilà votre enfant près de vous, qu'on dépose sur le ventre de sa maman.

3. Reste un dernier détail : l'expulsion du placenta. C'est la délivrance. La sage-femme a pris votre enfant pour des tests et le nettoyer, votre compagne est toujours allongée, les contractions utérines vont reprendre, moins douloureuses : elles permettent à l'utérus de se rétracter et de décoller le placenta. Une fois expulsé, il est examiné par le médecin pour voir s'il est complet et de qualité (pour éviter tout risque d'hémorragie).

L'accouchement est terminé. Si votre compagne est sous péridurale, elle restera encore 2 heures, allongée sous surveillance médicale, avant de regagner sa chambre.

« Est-ce que l'accouchement ne va pas perdre tout son caractère intime en se déroulant devant dix personnes ? »

Un accouchement n'est pas un concert de rock. Dans les maternités publiques, vous aurez affaire à la sage-femme qui vous a guidés pendant la préparation. Vous avez intérêt à vous entendre avec elle : elle sera votre seul interlocuteur ou presque pendant cette folle aventure. Elle peut être remplacée s'il y a une relève de garde (les gardes durent 12 heures). Sinon, vous verrez une auxiliaire de puériculture, une infirmière ou une aide-soignante pour tous les soins. Et c'est tout. Les autres intervenants ne sont que des acteurs ponctuels qui arrivent sur demande de la sage-femme : l'anesthésiste, si votre compagne demande une péridurale, le médecin obstétricien, pour les avis, en cas de pathologie ou d'intervention. Si tout se passe bien, vous verrez deux personnes en tout et pour tout. D'ailleurs, moins vous voyez de monde, moins vous devez vous inquiéter (dans les cliniques privées, vous rencontrerez aussi l'obstétricien pour l'accouchement).

Si vous voulez la bluffer...

Les battements cardiaques d'un bébé se situent entre 120 et 160, entre la jungle et la techno, avec des accélérations : en effet, ils ne restent pas en permanence à 160, il peut y avoir des pics à plus de 160. Si le cœur de bébé bat si fort, c'est pour distribuer de l'oxygène, beaucoup et souvent, car c'est un temps de grande croissance cellulaire.

« Si le rythme cardiaque du bébé ralentit, est-ce synonyme de malformation ou de danger ? »

D'abord, histoire de vous rassurer, dans la plupart des maternités, le monitoring est téléporté dans le bureau des sages-femmes : il y a une surveillance même quand il n'y a personne dans la pièce. Maintenant, ralentissement ne signifie pas défaillance cardiaque. Le cœur n'est pas menacé, il y a juste une moins bonne tolérance du bébé à ce qui se passe. En observant le monitoring, on a un reflet de sa vitalité, ce n'est pas le cœur en soi qui est menacé. S'il passe de 140 à 100, puis à 80, ne vous angoissez pas. Les ralentissements synchrones de la contraction sont comme un petit malaise vagal : la tête du bébé appuie sur le col ou le bassin, ce qui fait ralentir le cœur. C'est juste un ralentissement réflexe. Parfois, c'est postural : si la maman est dans telle ou telle position, le flux du cordon est moins important, donc son cœur bat moins (on change de position et ça repart). Et puis il peut y avoir une anomalie qui sera détectée par la sage-femme. Si vous avez peur, ne restez pas dans votre coin à vous imaginer tout et n'importe quoi, demandez à l'équipe de vous expliquer : il y a de fortes chances que vous vous inquiétiez pour rien. Mais si l'on vous dit que ce n'est pas grave, faites confiance au personnel.

Mon truc en plus !

« Dans la " salle de travail ", j'étais parti pour être actif, mais j'ai senti que ma femme avait envie de vivre ça seule. J'étais là, mais je ne suis pas intervenu concrètement. J'ai simplement joué le rôle d'intercesseur entre elle et le personnel. J'étais comme le placenta, un filtre. »

Denis, 29 ans, papa d'Amandine, 7 semaines.

« Le mot même me fout la trouille... Est-ce que je dois craindre que ma femme subisse une épisiotomie ? »

A l'heure actuelle, 60% des naissances ont lieu avec le concours de l'épisiotomie. Il s'agit de l'incision de la vulve sur plusieurs centimètres, d'avant en arrière et généralement sur la droite, pratiquée au cours de l'accouchement, au moment où la tête du bébé est visible. Faire une épisiotomie, c'est préférer une coupure chirurgicale nette, propre et facile à recoudre, à un déchirement des tissus provoqué par le passage du bébé. L'épisiotomie « agrandit la sortie » et évite ainsi des dégâts dont les conséquences ne sont pas contrôlables.

Elle préserve ainsi la fonctionnalité du muscle dans ses fonctions sphinctériennes et sexuelles. En clair, elle permet d'éviter des incontinences urinaires post-partum (après le retour à la normale !) Mais il ne s'agit pas d'un geste systématique : elle est en général envisagée lorsque l'on estime qu'il y a risque de déchirure. C'est donc à l'équipe d'accouchement d'apprécier son bien-fondé. Rassurez-vous : l'épisiotomie est peu ou pas douloureuse. La pratique de plus en plus fréquente de l'anesthésie péridurale explique bien sûr l'absence de douleur. Mais, même sans anesthésie, cette incision rapide passe le plus souvent inaperçue au milieu de toutes les sensations de l'accouchement. Une fois l'accouchement terminé, on recoud sous anesthésie locale (ou en profitant de l'anesthésie péridurale). Les soins post-opératoires consistent en des toilettes fréquentes et soigneuses. On s'efforce, entre autres, de tenir le périnée le plus au sec possible.

« Si c'est une naissance par césarienne, je ne pourrai pas y assister ? »

Il y a peu de maternités où le père peut assister à ce qui reste, c'est vrai, un acte chirurgical. Je vous conseille de vous renseigner avant de choisir votre maternité.

« Suis-je condamné à couper le cordon ? »

On a tendance à dire que le rôle du père étant de séparer, le geste symbolique de couper le cordon serait déterminant. C'est faux ! Vous n'êtes pas là pour faire plaisir à la sage-femme qui vous le propose. Elle est trop insistante ? Dites-lui que c'est son job ! Si vous pensez que ça fait trop médical ou trop « inauguration », c'est votre droit. Mais que vous preniez les ciseaux ou non, sachez que c'est totalement indolore (pour le bébé et pour la maman).

« Si le bébé ne crie pas, c'est grave, docteur ? »

Il faut penser, par « cri », première inspiration (dans l'état civil, autrefois, on écrivait : « Criant de suite »). Il n'y a pas forcément beaucoup de sonorité associée à cette première inspiration. Il ne faut pas attendre que votre bébé crie de façon véhémente. S'il inspire, il développe ses poumons, c'est tout bon. Après cette inspiration, il ne va pas forcément pleurer, crier, s'agiter. Il peut être très vite calme s'il est enveloppé et posé sur le ventre de sa maman. En somme, s'il ne crie pas, mais passe du bleu au rose et respire, ça suffit à la sage-femme : il est bon pour le service. Pour les cris vigoureux, il se rattrapera dans quelques heures, promis !

A trois minutes de vie... Ses tout premiers soins

On sèche le bébé (il est trempé comme s'il sortait d'une piscine chaude : il faut le protéger du froid en le séchant) ; on le mouche avec une sonde (il vivait dans l'eau : son nez, ses bronches, son tube digestif sont remplis de liquide amniotique : on l'expulse pour que l'air puisse entrer) ; on le pèse, on le mesure ; un peu de collyre dans les yeux, quelques gouttes de vitamine K contre les hématomes qu'il a pu subir suite aux secousses de l'accouchement. Vous pouvez lui donner un petit bain rapide à ce moment-là (il faut le demander). On lui met son petit bracelet, on l'habille dans le beau petit pyjama que vous n'avez pas oublié d'apporter avec vous. C'est tout ! Vous n'avez pas à culpabiliser d'avoir laissé votre compagne quelques instants, vous devenez le passeur, vous pourrez lui raconter tout ça. Vous pouvez ramener le bébé à la maman.

Sachez que, du début à la fin, vous pouvez être là, accompagner les gestes ou juste regarder.

« J'ai vu les images d'un accouchement, le bébé est manipulé dans tous les sens comme un petit gigot. Il n'en souffre pas ? »

Un pied par-ci, une jambe par-là, on pourrait souhaiter qu'il y ait un peu plus de douceur dans les gestes de la naissance. C'est vrai que les professionnels mettent beaucoup de distance lorsqu'ils réalisent ces gestes, et la tendresse est parfois bien loin. Mais la présence du père à chaque instant permet aussi d'humaniser ces premiers gestes. Pendant que le bébé est soigné, vous pouvez lui parler tout doucement, le rassurer, lui expliquer ce qu'on lui fait. Et vous verrez, ça fera peut-être même sensiblement changer l'attitude un peu rigide du soignant. Si, si.

« Est-il possible qu'on emporte mon bébé sans que je puisse profiter de ses premiers instants ? »

À la naissance, s'il n'y a pas de problème de réanimation, le bébé est posé sur l'abdomen de sa maman, le meilleur « chauffage à bébés » jamais inventé. Ce tout premier contact est essentiel : non seulement il rassure le nouveau-né, mais il lui permet de conserver sa propre chaleur. Vous pouvez vous mettre torse nu à cet instant, n'ayez pas honte, et vous pouvez prendre votre bébé sur vous également.

Si vous voulez la bluffer...

- **Le 5e jour après la naissance, la sage-femme ou le pédiatre, prélève quelques gouttes de sang au talon du bébé et pratique le test de Guthrie. L'objectif ? Dépister la phénylcétonurie (maladie qui se traduit par un déficit sévère d'une enzyme produite par le foie, et qui peut provoquer la cécité) et diagnostiquer une hypothyroïdie (insuffisance de sécrétion de la glande thyroïde peut se traduire par un retard mental).**

« Est-ce que le score d'Apgar prédit de futurs problèmes psychologiques ou de santé ? »

Non ! C'est vrai qu'aussitôt sorti de sa tanière, alors que vous êtes bien incapable de parier sur le bac qu'il passera (Scientifique comme son père ou comme son oncle ?), le bébé est déjà soumis à des examens. Le score d'Apgar ou test d'Apgar permet d'apprécier l'état du nouveau-né dans ses premières minutes de vie extra-utérine. La sage-femme qui accueille votre bébé apprécie 5 paramètres en les cotant de 0 à 2 : rythme cardiaque, respiration, coloration de la peau, tonus musculaire et réactivité (un cœur bien vaillant qui bat au-dessus de 100 est coté 2, s'il est plus mou du genou, c'est 0 ou 1). Lorsque le total est entre 8 et 10 : R.A.S., le bébé va bien. S'il y a une souffrance quelconque, le score est inférieur à 7. En dessous de 5, le bébé est pris d'urgence en charge par le personnel médical. Un bébé peut « rater » son examen d'entrée, être réanimé, et faire Polytechnique vingt ans plus

Si vous voulez la bluffer...

- Dans les premières semaines, le bébé a le nez encombré de mucus, ce qui le gêne car il ne sait pas encore respirer par la bouche. Voilà pourquoi il éternue souvent : c'est ainsi qu'il vide ses narines. Contrairement à ce qu'on pense, contrairement à vous, il n'est pas enrhumé : il se purge, seul !
- À la préhistoire, les bébés étaient transportés par leur mère, se cramponnant comme les bébés singes le font avec leur maman. Aujourd'hui, le nourrisson possède à la naissance deux réflexes qui sont des vestiges de cette époque : il est effrayé, il ouvre grand les bras en décrivant un mouvement circulaire comme pour s'accrocher (grasping) ; si on place un objet dans ses mains, il l'agrippera automatiquement.

tard. Ce score est noté sur le carnet de santé de l'enfant et il arrive bien souvent que la sage-femme « triche » lorsqu'elle le reporte. Cela, par exemple, afin qu'il ne soit pas éventuellement utilisé pour justifier l'échec scolaire d'un enfant.

« Le bébé ne nous ressemble pas du tout... Est-ce que ça peut encore changer ? »

Il arrive fréquemment qu'un bébé ne ressemble ni à sa maman, ni à son papa et qu'on n'arrive même pas à lui trouver le double menton de mamie Jeannette ou la fossette de tonton Gérard. Ça peut évidemment encore évoluer quelques mois après. Ou pas. Rassurez-vous : vous détecterez très vite chez lui des mimiques, des sourires, des gestes qui vous rappelleront votre compagne ou vous-même. Et vous serez encore plus touchés de déceler à ce moment-là une ressemblance plus subtile qu'une fossette ou une tache sur la fesse...

« C'est ridicule, mais… ne risque-t-on pas d'échanger notre bébé contre un autre ? »

D'abord, vous pouvez vous rassurer en vous disant que votre compagne, Elle, le reconnaîtrait entre mille si Elle a eu un premier contact de quelques secondes avec lui lorsqu'on le lui a posé sur le ventre. On sait même que les femmes reconnaissent les pleurs de leur bébé dans la nurserie parmi des dizaines d'autres, alors… Et puis, vous n'avez qu'à suivre votre bébé lorsqu'il est emmené par la sage-femme vers la salle de soins (même pour une réanimation, ou après une césarienne, vous pouvez être là à chaque instant et garder un œil sur le bébé). Un soignant n'a pas à refuser votre présence. Jamais. C'est inutile de lui mettre une croix sur le pied avec un marqueur dès qu'il est dans vos bras… Sachez que, dès la sortie du bébé, deux bracelets portant son prénom et son nom lui sont posés, l'un à la cheville, l'autre au bras.

Si vous voulez la bluffer…

- Le 5e jour après la naissance, la sage-femme ou le pédiatre, prélève quelques gouttes de sang au talon du bébé et pratique le test de Guthrie. L'objectif ? Dépister la phénylcétonurie (maladie qui se traduit par un déficit sévère d'une enzyme produite par le foie, et qui peut provoquer la cécité) et diagnostiquer une hypothyroïdie (insuffisance de sécrétion de la glande thyroïde peut se traduire par un retard mental).

« Je n'ai pas accouché, certes, mais je suis tout de même sur les rotules. Comment le lui dire ? »

Une naissance, c'est comme une très grande claque, une explosion d'émotions longtemps contenues. Certains jeunes pères parlent de cette sensation « d'être passé sous un quinze tonnes ». Ça vous rappelle un truc ? Certes, vous n'avez pas accouché, mais vous y étiez, non ? Vous avez joué votre rôle, vous avez été tour à tour son soutien, son coach, son confident. Vous avez donné de votre personne, si vous n'avez pas donné de votre corps. En général, on ne pense qu'à l'accouchement physique, alors qu'il est aussi émotionnel, et là, on est à égalité avec les femmes. Votre cœur et votre tête ont largement participé à cet événement qui va changer votre vie..
Il faut savoir dire qu'on a vécu quelque chose de bouleversant, et c'est forcément épuisant. Alors, rentrez à la maison dès que votre compagne et votre bébé dorment. Passez le courrier en revue mais n'ouvrez pas les factures, lisez cinq minutes le journal, éteignez la lumière et dormez. Vous avez besoin, vous aussi, de récupérer.

« La sage-femme qui accouche ma femme est-elle médecin ? »

Non. Le recrutement des étudiant(e)s qui se destinent à la formation de sage-femme se fait dans les facultés de médecine, parmi les candidats reçus au concours de fin de première année. La formation préparant au diplôme d'Etat de sage-femme est dispensée pendant quatre ans dans des écoles spécialisées agréées et rattachées à la maternité d'un centre hospitalier

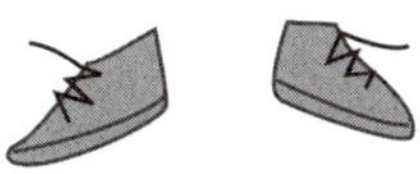

Au fait, elle fait quoi, la sage-femme ?

Histoire de vous prouver combien votre femme est entre de bonnes mains, voici en deux mots la fonction de celle (ou celui) qui a fait quatre ans d'études spécifiques après la première année de médecine, et qui suit de A à Z un couple dans le cadre d'une grossesse normale :

1. La sage-femme suit les consultations de la grossesse, la préparation à la naissance (mais pas la prescription de certains médicaments).
2. Au moment de l'accouchement, elle veille sur le bon déroulement du « travail » et peut dépister éventuellement une pathologie (analyse du monitoring, prélèvements sur le fœtus...). Sa limite de compétence, c'est la césarienne et l'instrument opératoire (les forceps et la ventouse). Si elle doit utiliser ces instruments, elle appelle l'obstétricien.
3. Au moment de la naissance, elle peut réanimer un nouveau-né car c'est la première à avoir le bébé dans les bras (ne flippez pas en vous demandant où est la pédiatre, la sage-femme est formée pour ça).
4. Elle a la compétence de suivre la mère et le bébé jusqu'à 1 an. Elle peut examiner un enfant sur le plan pédiatrique et faire la rééducation du périnée (c'est l'exclusivité de la sage-femme pendant les 3 mois qui suivent l'accouchement !) À la maternité, si la grossesse se passe bien, vous pouvez ne croiser que la sage-femme jusqu'au retour à la maison !

Ça sert à quoi, tous ces instruments de torture ?

C'est le contexte médical qui fait peur à certains hommes, plus que l'accouchement. Savoir ce que sont ces instruments et ces machines, comprendre ce qu'ils font et comment va vous aider à vous détendre et retarder le moment fatidique où vous allez tourner de l'œil, tomber et avoir besoin des soins des infirmières. Si ça peut vous rassurer, voici la description et la fonction exactes de tous les instruments que vous devriez apercevoir ce jour-là :

1. Un lit d'accouchement (ou « table de travail ») : ce n'est pas tout à fait un lit, pas tout à fait une table d'examen gynécologique non plus. C'est plus large, électrique, et l'on peut incliner l'assise et le dossier.

2. Au plafond, des scialytiques : des spots lumineux, souvent éteints, destinés, si besoin est, à suturer ou à intervenir chirurgicalement (ça fait déjà un peu bloc opératoire).

3. Un monitoring : ça ressemble à l'unité centrale d'un ordinateur couchée, avec deux capteurs : l'un enregistre les battements cardiaques du bébé, l'autre, les contractions (grâce à lui, vous voyez arriver les contractions et pouvez aider votre compagne à les vivre moins douloureusement).

4. Un chariot, des tuyaux : des arrivées d'oxygène sur une rampe murale ou sur un chariot central.

Tout le reste, tout ce qui fait partie du fantasme de l'accouchement (étriers, ciseaux, ventouse, forceps...) est rangé et ne surgit que si besoin est. Ne soyez pas déçu, mais vous ne les verrez sûrement pas !

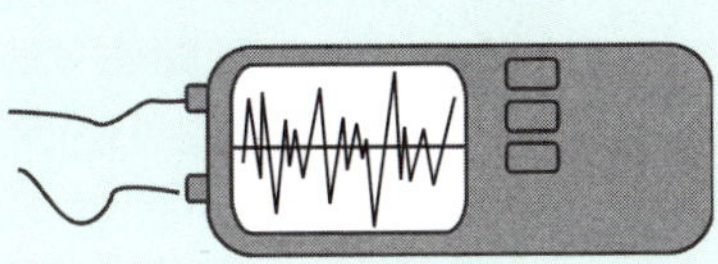

Dix trucs simples pour vous rendre utile pendant l'accouchement (sans gêner le « travail »)

Certes, cette « salle de travail » qu'on appelle de plus en plus « salle de naissance », ce n'est pas votre milieu écologique. S'il y a peu de chances pour qu'on vous demande de poser une péridurale, voici quelques trucs que vous pouvez faire pour être un peu plus qu'un pauvre humain décoratif :

1. Laissez tomber les encouragements trop appuyés (« Allez ! Encore un effort ! Vas-y ! oui, c'est ça ! Etc. »), le défaitisme (« Tu te détends trop ! ») ou la trop grande mansuétude (« Ça va, ma chérie ? Tu tiens le coup ? Ça va aller ? »). Si vous en faites des tonnes, vous obtiendrez du stress et pas le calme recherché : votre main dans la sienne suffit à lui montrer que vous êtes là.
2. Ne répétez pas à votre compagne tout ce que dit la sage-femme, ça peut vite faire commentaire de match de foot et c'est énervant.
3. Rafraîchissez-lui le front, les tempes, la nuque avec un linge humide ou un vaporisateur.
4. Aidez-la à récupérer entre deux contractions en lui massant le bas du dos lors des douloureuses contractions lombaires et en la caressant sur les zones de tension.
5. Améliorez son environnement : jouez sur la lumière, mettez de la musique, ouvrez ou fermez les portes selon qu'elle a chaud ou froid...
6. Repérez comment fonctionne la table d'accouchement pour lever le dossier ou le baisser à la demande, histoire de la soulager.
7. D'une manière générale, répondez à toutes ses demandes et intercédez pour elle auprès de l'équipe.
8. Prenez un bain très chaud avec elle : en fin de « travail », il n'y a que ça qui calme les douleurs du dos (dans pas mal de maternités

récentes, on trouve une baignoire en « salle de travail » ; il y a un peu moins de baignoires assez grandes pour deux, mais pensez à prendre un maillot).

9. Restez à sa disposition sans nécessairement être dans l'activité : peut-être n'a-t-elle besoin que de vous savoir là, un point, c'est tout, sans attendre de vous une débauche d'énergie.

10. Rappelez-lui le plus souvent possible la finalité de tout ce qu'elle est en train de vivre : le bébé. Après tout, c'est pour lui donner naissance qu'elle endure ça...

Mon truc en plus !

« Léo est né par césarienne : sa maman n'a donc pas pu assister à son premier bain, son premier change, sa première heure avec nous. J'ai fait un petit film sur les premiers instants de mon fils dans son beau pyjama bleu ciel pour que sa maman puisse vivre ce moment-là aussi. Du coup, elle en a un souvenir aussi précis que moi. »

Philippe, 36 ans, papa de Léo, 7 mois.

« J'avais la pétoche, mais j'ai tenu à lui donner son premier bain, c'était une façon de lui dire : « Enfin, nous voilà réunis, on se rencontre ! » Cette conversation tactile, j'ai l'impression qu'elle a été utile à tous les deux pour que la relation à la maison soit plus facile. »

Raphaël, 31 ans, papa d'Appolline, 5 semaines.

« Avec l'émotion, la fatigue, je me vois mal appeler tout le monde. Est-ce que je trouverai les mots ? »

Vous ferez comme les copains : dès la naissance, vous sauterez sur votre mobile pour prévenir la Terre entière de la naissance du plus beau bébé du monde. Ça vous paraît peut-être bête, mais c'est votre rôle, ça aussi. Ému, harassé, vous ne trouverez pas forcément vos mots et vos proches ne reconnaîtront peut-être même pas votre voix. Si vous êtes franchement à l'Ouest, vous pouvez presque faire votre office en pilote automatique. Dites à votre interlocuteur, dans l'ordre que vous voudrez : « Je t'annonce que je suis papa », puis l'heure pile de la naissance (« à 17 h 55 », pas « vers 17 h »), le sexe de l'enfant (si vous ne l'avez pas encore annoncé au monde), sa taille et son poids au gramme près, évidemment, la couleur de ses cheveux et de ses yeux, sa ressemblance avec un membre de la famille. Ajoutez que la maman n'a pas souffert (même si elle a souffert). Et puis sachez que la naissance d'un enfant peut être un joli moment de réconciliation. Même si vous êtes lessivé, c'est le moment d'appeler Isa, votre cousine, que vous n'avez pas vue depuis ces vacances foireuses à Montalivet, où elle est partie sans payer son écot.

CHAPITRE 3

Quelques jours à trois à la maternité

Dans la chambre 421, vous voilà au commencement du commencement de l'histoire. Elle est couchée, vous lui souriez. Vous avez tout à apprendre et vous apprenez à chaque instant en regardant votre bébé. Bien sûr que vous vous posez deux ou trois questions :

- Comment gérer au mieux les visites ?
- Comment trouver ma place en venant deux heures par jour ?
- Est-ce que je peux avoir, moi aussi, le baby blues ?
- Comment fait-on pour retrouver notre couple ?
- Que dois-je faire à la maison avant qu'elle revienne avec le bébé ?...

Comme si vous y étiez...

Enfin seuls ! Les intrus sont partis. Vous voilà tous les trois, en tête-à-tête. Vous n'êtes pas encore un père, ni Elle une mère, vous êtes en train de fabriquer tout ça à votre rythme. Vous vous sentez comme un gros loukoum, sans énergie, sans réaction. Il faut dire que vous venez de vivre un tremblement de terre de magnitude 7 sur une échelle qui va jusqu'à 7. C'était comme un feu d'artifice en vous. Là, vous vous dites que vous allez commencer à vivre votre vie de papa, à apprendre dans le calme et la sérénité. Et vlan ! C'est le va-et-vient des puéricultrices, les soins, les visites, les repas. Définitivement, ce n'est pas ici que votre nouvelle vie commence. À la maternité, vous faites plutôt livreur (dans la vitrine, tous les lapins vous font de l'œil : vous désignez le plus laid à la vendeuse, celui que personne n'adoptera) ou garde-chiourme (vous organisez si bien les visites de la famille que vous pourriez vous revendre comme relation publique au musée d'Orsay) comme boulot. Elle est là pour se reposer ; vous, vous êtes là pour la protéger. La vraie vie, c'est demain, ou après-demain, qu'elle commence.

« Est-ce que je peux dormir avec eux la première nuit ? »

Dans certaines maternités, un fauteuil convertible sert de lit au papa s'il désire accompagner la maman et le bébé pendant une ou deux nuits. Il faut juste avoir conscience que vous n'êtes pas pensionnaire de l'hôpital : on ne vous servira pas à manger, on ne fera pas votre lit, et l'on ne vous lavera pas votre T-shirt « Je suis papa, et alors ? » Il ne faut pas rêver. Et puis, si l'on peut soutenir la maman la toute première nuit un peu délicate (notamment si elle allaite), il faut aussi utiliser ce temps du soir pour mettre les choses en place dans votre tête, vous régénérer. Plus vous serez zen dans les jours à venir et mieux vous la soutiendrez, plus vous ferez écran efficacement entre son stress et le bébé.

« Comment j'explique aux familles qu'on n'est pas dans un hall de gare ? »

À l'annonce de la naissance, tout le monde, à l'exception des rois mages, voudra (et c'est bien normal) voir et toucher la petite merveille. C'est de votre faute, vous les avez appelés... Même ceux qui détestent l'hôpital et ses vapeurs d'éther sont là, pour vous faire plaisir, souvent. Ayez toujours en tête que le but premier de ce séjour (déjà trop court) à la maternité est de permettre à la maman comme au bébé de se reposer avant le grand saut dans la vraie vie. Alors, prenez les choses en main, instituez un planning, sérieusement (gare au dimanche, où tout le monde veut venir en masse : c'est mieux que le zoo et moins cher que le ciné !). Et si vous ne pouvez faire autrement, instituez un temps de présence (au hasard, 15 minutes par tête) et jetez discrètement, et régulièrement, un coup d'œil à votre compagne, pour voir si Elle se lasse de la discussion avec Untel ou Unetelle. Si c'est le cas, reprenez les choses en main, et dites-lui : « Muriel, ton cousin va arriver... » Ça devrait suffire pour faire fuir les « occupants » qui ne demanderont pas leur reste. Certes, ce n'est pas la position la plus agréable, mais Elle sera tellement fière de vous si vous gérez ça de main de maître ! Vous verrez, souvent des amis défilent et n'en ont que pour le bébé et la maman. Elle, Elle se sent comme une coquille vide : souriez-lui, parlez-lui, dites-lui qu'Elle est belle, rééquilibrez les choses. Si vos parents respectifs viennent de loin, réservez-leur une chambre à l'hôtel pour être tranquille à la maison. Si certains amis sont aussi venus de loin, proposez-leur d'aller boire un verre au bistrot du coin plutôt que de rester dans la chambre ! Et si vraiment vous pensez ne pas être capable de gérer la situation, vous pouvez toujours n'annoncer la naissance que 3 ou 4 jours après, de façon à rester tous les trois un peu tranquilles. C'est votre droit. L'important est que vous viviez bien les choses.

« J'ai une angoisse soudaine : je n'ai pas lu tous les bouquins qu'on avait achetés… Je vais être largué, nul ! »

Je vous rappelle que vous, vous n'accouchez pas ! Vous n'avez pas besoin de quelque compétence que ce soit. Vous n'avez besoin que de sécuriser votre compagne pour qu'Elle soit libre, et de vivre ce que vous avez à vivre. Ne cherchez pas à faire plus. Vivez votre histoire. Avec le nouveau-né, c'est pareil : on se cherche des modèles dans les livres parce qu'on n'a pas vu nos pères faire. Osez, car a priori, vous ne vivrez rien que vous ne pourrez pas affronter ou résoudre. Il faut vous faire confiance. Apprenez à faire avec ce que vous êtes. Vous n'avez pas besoin de connaître le circuit intégré d'un ordinateur pour taper un texte de votre création, alors…

« Tout est centré sur le bébé depuis 8 jours… Comment fait-on pour retrouver notre couple ? »

Même si la maternité n'est pas le lieu le plus tranquille du monde, essayez de créer une intimité et retrouvez des réflexes de couple. D'accord, Elle a une jolie perfusion qui la nourrit, mais vous pouvez toujours sortir et lui rapporter un bon repas chinois, facile à digérer et tellement romantique ! Apportez une bouteille de champagne et offrez-lui un petit cadeau marquant. Si c'est un bijou, aidez-la à mettre son collier ou ses boucles d'oreilles, tendez-lui un miroir pour qu'Elle puisse se regarder. Dites-lui que vous l'aimez, que vous la trouvez belle, n'économisez pas vos compliments, valorisez-la : Elle a aussi besoin de votre amour pour bien aimer votre enfant. Il faut faire en sorte qu'Elle se sente séduisante à nouveau, alors même que son ventre ressemble à un Chamallow, qu'Elle est crevée, que son abdomen est tout flagada et que ses seins sont un peu douloureux.

« Est-ce que, moi aussi, je vais avoir le baby blues ? »

Oui, vous aussi, vous y aurez peut-être droit. Mais ne cherchez pas de similitudes avec ce qu'Elle vit, Elle. Les hommes ne fondent pas en larmes ! (Ah bon ?) Vous ressentirez soudain une frénésie de sorties, vous vous inviterez beaucoup chez papa et maman pour vous faire bichonner comme un enfant. Dans un autre genre, vous pouvez faire des angines chroniques, ressentir des douleurs inexpliquées. Vous pouvez vous mettre à roupiller beaucoup, à n'avoir plus aucun élan, à rentrer de plus en plus tard le soir.

« Dois-je demander la télé dans sa chambre pour qu'Elle ne s'ennuie pas ? »

Vous pouvez si vous payez, vous êtes dans un hôpital après tout (3,40 euros la journée). Mais rappelez-vous que ces 5 jours doivent lui permettre de se familiariser avec votre bébé, de le découvrir, de trouver ses marques avec lui. Il faut profiter de cette période, qui passe très vite, de ce moment où vous êtes encadrés par un personnel. Alors, zappez la télé pendant quelques jours, même si on passe « Allô ! maman, ici bébé ».

« Que dois-je faire pour trouver ma place en venant juste deux heures par jour ? »

On a vite fait de vous traiter comme la portion congrue, la pièce rapportée. D'ailleurs, on vous appelle « le mari de la 421 » et l'on vous vire de la chambre séance tenante au moment des soins de Madame. Vous n'étiez pas le bienvenu dans la « salle de travail », et voilà que ça continu. Il faut montrer que vous êtes là ! D'abord, ne vous imposez pas des limites d'horaires, vous n'en avez pas. Même si on a vite fait de vous dire : « Les visites, c'est de 13 h à 20 h », vous n'êtes pas un simple visiteur, vous êtes LE papa ! Occupez les lieux, venez autant que vous le souhaitez, jusqu'à 23 h au moins. Vous pouvez quasiment y vivre, même dans les lieux qui ne sont pas « accueillants ». Il est important que la cellule familiale puisse avoir son intimité dans la maternité. Si le bain est donné à un moment où vous ne pouvez pas être là, demandez au

personnel de changer l'emploi du temps pour que vous puissiez y participer. Au besoin, c'est à la maman d'imposer vos souhaits au personnel (« J'aimerais que mon mari donne le bain à mon fils demain... »).

« Si Elle allaite, cela va-t-il lui déformer ses jolis seins ? »

Non ! Trois fois non ! Le sein retrouve toute sa plasticité au bout de 3 ou 4 semaines après l'arrêt progressif de l'allaitement. Pour éviter toute déformation, il suffit de porter un soutien-gorge spécial (oubliez un temps La Perla ou Aubade et leurs fanfreluches olé olé ! On ne vous cachera pas que ces soutiens-gorge d'allaitement ne sont pas les plus sexy du monde) pendant toute la durée de l'allaitement.

« Dois-je m'inquiéter si mon bébé perd du poids depuis sa naissance ? »

C'est tout à fait normal. Pendant quelques jours, le poids global de votre bébé va diminuer alors qu'il n'arrête pas de grossir. C'est paradoxal, mais c'est vrai. Dans le ventre de la maman, le bébé était imbibé d'eau. On considère que 10 % de son poids est constitué d'eau en trop : s'il perd du poids, il ne fait que perdre cette eau, par la transpiration (due à une activité motrice qu'il n'avait pas), le pipi et le premier caca, noir et visqueux (qu'on appelle plus joliment le méconium), c'est tout. Et si en sortant de la maternité, votre petit bout n'a pas retrouvé son poids de naissance, ça ne va pas tarder !

« Je suis arrivé dans la chambre : Bébé était dans un berceau sous UV et il avait le teint jaune... Il ne souffre pas au moins ? »

Ce que vous appelez « teint jaune » s'appelle « ictère du nourrisson ». Les globules rouges contiennent un pigment rouge : l'hémoglobine. Quand l'hémoglobine est détruite, elle devient bilirubine, un pigment jaune. Vous me voyez venir ? À chaque instant, un nouveau-né (mais un « vieux-né » comme moi aussi) détruit ses vieux globules rouges pour en faire des tout neufs et fabrique de la « jaunisse ». Comme votre bébé naît avec un paquet de globules rouges, il fabrique, en peu de temps, beaucoup de bilirubine, qu'il a du mal à éliminer : d'où ce merveilleux teint jaune qui empêche bébé de draguer pendant 2 ou 3 jours. Les lampes (sous lesquelles on met 30 % des nourrissons) n'ont rien à voir avec des rayons X, comme on me l'a parfois dit. Elles servent à détruire la bilirubine dans la peau. Ce n'est pas douloureux, juste un peu fatigant. Pendant un ou deux jours, vous ne pourrez pas le prendre dans vos bras et il devrait un peu moins manger, c'est tout.

« Il a 8 jours et il sourit dès que je lui parle de l'OM. Il aime déjà le foot ? »

Désolé de vous décevoir, mais au cours du premier mois au moins, on appelle ça « sourire aux anges », c'est-à-dire que ce sourire béat, qui vous fait fondre comme un glaçon dans un verre de Suze, ne vous est pas destiné, ni à vous ni à une autre personne présente dans la pièce. Tourné vers le vague, vers le ciel, d'où son nom, ce sourire-là ne concerne que la partie basse du visage. Le sourire complice, le sourire-échange commence, lui, dès le deuxième mois ; il englobe alors les yeux. Et si, vers cet âge-là, votre enfant vous sourit à l'énoncé des résultats de votre club de foot préféré, il a peut-être déjà la fibre...

Si vous voulez la bluffer...

- Le Pr Steiner de l'université de Jérusalem a pris des photos devenues très fameuses : au contact d'un aliment sucré, un bébé tout juste né esquisse un sourire ; au contact du salé, il fait la grimace ; confronté à une odeur d'ail, il prend un air dégoûté.

« Que dois-je faire à la maison avant qu'Elle revienne ? »

Faites en sorte que son retour soit le plus facile possible. Votre compagne est déjà submergée par l'émotion : dès qu'Elle pense à ce retour au quotidien, à tout ce qu'Elle va avoir à gérer, à organiser, les larmes lui viennent en cascade. C'est pourquoi il est essentiel que vous édifiez un nid douillet avant son arrivée avec bébé. Stockez des conserves et des surgelés (comme si vous deviez tenir un siège), du papier hygiénique, des packs de lait, des biberons déjà prêts dans le réfrigérateur (si elle n'allaite pas), et pensez à balancer les restes de pizza d'hier soir. Fleurissez l'appartement, changez les draps (les femmes adorent les draps frais), rangez vos chaussettes sales de la semaine, faites deux ou trois lessives pour qu'Elle ait des vêtements propres, videz la poubelle et passez l'aspirateur. Payez-vous une femme de ménage les deux ou trois premières semaines, vous n'imaginez pas comme vous lui ferez plaisir.

« Ça fait trois jours que je cafarde en revenant seul le soir à la maison... Qu'est-ce que je peux faire ? »

Dès que vous êtes hors des murs de la maternité, faites-vous prendre en charge (c'est bon de pouvoir se reposer une dernière fois sur des épaules adultes et bienveillantes) si vous vous sentez vide, si vous ne voulez pas rester seul à mariner dans votre émotion et vos questions. D'ailleurs, il y a tout à parier que si vous rentriez chez vous, vous ne vous feriez même pas à manger, vous traîneriez... Vous pouvez aussi sortir faire la fête avec des copains, célébrer votre paternité, un réflexe qui est un vieux rituel dans de nombreuses civilisations.
Vous pouvez encore simplement rentrer à la maison et passer des dizaines de coups de fil à des copains (« C'est un ange !

Tu ne peux pas imaginer ! Il n'a même pas pleuré pour son premier bain ! J'ai l'impression qu'on forme déjà une famille… ») : parler de vous, sans vous étourdir ailleurs, ça fait du bien. Enfin, vous êtes en droit de décider de ramener votre compagne et votre enfant le plus vite possible à la maison en les faisant suivre à domicile. Oui, vous êtes en droit d'imposer votre avis par rapport à ce que vous vivez en tant que père.

« Les infirmières le couchent sur le côté, mais n'est-ce pas plus prudent de le mettre sur le dos ? »

Beaucoup d'études ont démontré qu'il y avait une importante réduction du risque de « mort subite du nourrisson » en couchant les bébés sur le dos ou sur le côté. Dormir sur le dos évite d'enfouir son nez dans les draps, ce qui peut gêner le nouveau-né, en cas de régurgitations, par exemple. Il est inutile de vous réveiller en pleine nuit pour vérifier sa position : jusqu'à l'âge de 5 ou 6 mois, votre petite merveille est bien incapable de se retourner ! Si vous faites dormir votre bébé sur le côté (une fois à gauche, une fois à droite pour éviter les déformations du crâne) , placez quand même une cale dans son dos. Et si votre bébé refuse de s'endormir sur le dos, laissez-le trouver le sommeil sur le ventre et, dès qu'il est endormi, retournez-le sur le dos ! Si ça peut vous rassurer…

« Faut-il le faire dormir dans un lit à sa taille ou peut-il trouver le sommeil dans un couchage plus grand ? »

Si vous avez déjà acheté un lit à barreaux, placez un couffin à l'intérieur dans lequel vous ferez dormir le bébé. Rappelez-vous qu'il était, il n'y a pas si longtemps encore, dans un espace fermé et très étroit pendant 9 mois... Si vous n'avez pas de couffin, déposez autour de lui 2 ou 3 coussins. Les premiers temps, vous trouverez normal de lui décoller la tête ou le dos des barreaux de son lit dans son sommeil. C'est inutile : il a recherché ce contact qui lui rappelle l'étroitesse et le moelleux du ventre de maman. Vous pouvez l'en éloigner 10 fois, il retrouvera 10 fois cette même position.

« Il a mes yeux verts... Est-ce qu'il va les garder ? »

S'il a les yeux très clairs à la naissance, il les gardera. Pour le reste, tout peut arriver, tout peut changer.

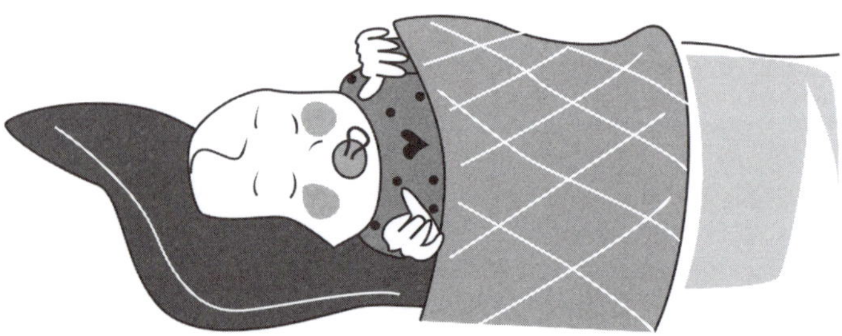

Comment créer une complicité avec lui ?

Vous ne savez pas par quel bout prendre cette étrange créature qu'ils appellent « votre fille »... En plus, votre compagne a décidé d'allaiter... Vous qui pensiez que le biberon était le seul moyen d'entrer en contact avec votre enfant, vous voilà bien. Voici quelques conseils pour vous aider à tisser des liens pas à pas avec votre bébé :

1. Ce n'est pas en nourrissant un bébé qu'on est le plus proche de lui. C'est toujours à travers le biberon que les hommes se projettent le plus naturellement dans leur relation avec le nourrisson, parce que c'est visuel, très concret.

2. Entrez dans son univers ! Autrement dit : prenez-en soin, donnez-lui du réconfort, faites-lui prendre son bain et changez ses couches ! Le toucher est un puissant moyen de communication avec le nouveau-né. Plus vous serez « en contact » avec lui, plus vite se tisseront les liens d'attachement.

3. Prenez-le : il adore votre contact ! Si vous avez du mal à tenir votre bébé dans une position confortable, essayez d'abord de le faire pendant qu'il est assoupi. Laissez-le dormir contre vous... Vous découvrirez là une sensation tellement agréable...

4. Servez-vous du porte-bébé offert par vos collègues de bureau. Installez-le dans une écharpe ou dans un porte-bébé ventral. La plupart des bébés aiment le mouvement et l'intimité.

5. Passez des moments seul à seul. Vous gagnerez de l'assurance si vous passez du temps seul avec votre bébé sans que personne ne se tienne prêt à vous tirer d'embarras ou vous donne le sentiment qu'on vous observe. Commencez par de courtes séances (entre une demi-heure et une heure) après que bébé a pris son repas.

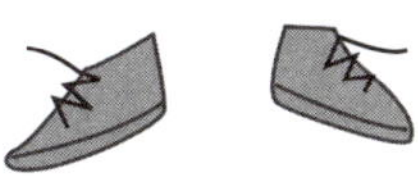

« Si ma femme allaite, comment faire pour ne pas me sentir exclu pendant la tétée ? »

Votre rôle à vous, c'est de tout faire pour que l'allaitement se passe bien pour votre bébé, la maman, et vous-même. Si vous trouvez gênant que votre femme allaite en public, dites-le-lui, et restez tous les trois. Aidez-la à s'installer confortablement, créez un environnement le plus paisible possible : débranchez le téléphone, prévoyez du temps devant vous. Et pendant la tétée, si vous en avez envie, pourquoi ne pas enlacer votre femme ? Votre compagne ainsi rassurée par vos bras accueillants, la tétée devrait en être facilitée, et votre sentiment de rejet, calmé.

« Il vaut mieux le changer avant ou après son biberon ? »

Au moment même où il tète, le nouveau-né fait caca. Pas après, pendant ! Si vous le changez avant la tétée (souvent, il est affamé, donc il hurle), vous êtes bon pour recommencer si vous ne voulez pas qu'il reste dans sa couche sale jusqu'au repas suivant (dans 3 heures). La meilleure solution, c'est donc de le changer après son repas. Avec un peu de pratique, vous apprendrez vite à lui mettre une couche propre dans son sommeil, sans le déranger, et surtout sans qu'il régurgite.

Si vous voulez la bluffer...

- **Si votre compagne allaite, déconseillez-lui d'utiliser systématiquement des bouts de seins en silicone sous prétexte que le bébé ne « tire pas » : ça empêche le bébé de coller sa bouche contre l'aréole et crée donc des crevasses sur le sein !**

« Je ne sais pas si je supporterai l'odeur du caca quand je le changerai... »

L'odeur du caca des enfants des autres, c'est une horreur ! Mais je vous assure que l'odeur du caca de votre propre fils, elle, est tout à fait supportable.

« Quel est le temps idéal d'un biberon ? »

On peut dire qu'une tétée dure environ 20 ou 30 minutes (sachant que vous pouvez faire une ou deux pauses pour lui permettre de faire ses rots). Ne vous satisfaisez pas de voir votre bébé avaler son biberon au lance-pierre, comme si vous étiez un bon père nourricier. Si vous voulez le voir se tordre de douleur pour cause de coliques, il n'y a pas mieux...

« On m'a dit qu'il devait prendre 30 g par jour, mais il ne les prend pas : est-ce que je dois m'inquiéter ? »

Un conseil d'abord : balancez le pèse-bébé par la première fenêtre venue ! (Même si c'est un cadeau de la tata Roger !) La balance à la maison, c'est anxiogène. Si vous êtes inquiet et que vous voulez le faire peser, mieux vaut qu'il y ait un professionnel pour interpréter les résultats et vous rassurer dans la foulée : allez à la PMI (protection maternelle et infantile) de votre quartier. Maintenant, sachez qu'un nouveau-né doit grossir régulièrement mais pas linéairement. Quand on vous dit qu'il doit prendre 30 g par jour, ça ne signifie pas qu'il doit prendre 30 g chaque jour, mais que sur un mois, il doit prendre environ 1 kg. Oubliez les barèmes, et faites-lui confiance : s'il va bien, s'il vous semble bien, il va grossir. C'est inutile de le peser en dehors des consultations pédiatriques mensuelles, sauf s'il souffre de diarrhées, s'il vomit tout le temps (si votre compagne allaite, c'est pareil : on ne pèse pas le bébé après la tétée). Quand on le pèse, il faut se réjouir qu'il ait pris 20 ou 160 g. S'il grossit, c'est qu'il va bien. S'il n'a pas pris, pesez-le 48 heures après, il aura grossi, vous verrez.

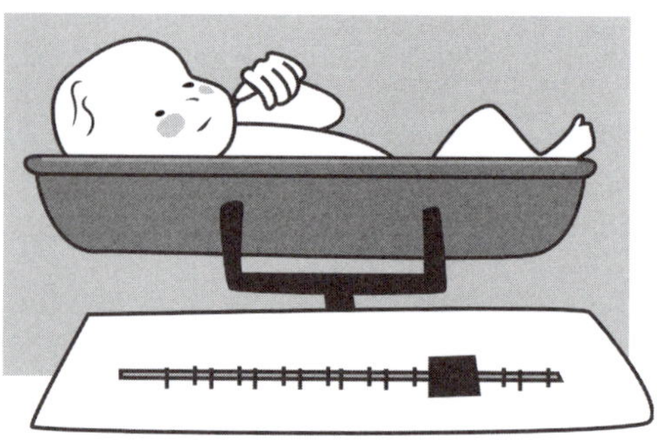

« Elle ne veut pas allaiter... Je trouve ça anormal... Tous les mammifères le font, non ? Et puis, n'est-ce pas meilleur pour la santé de l'enfant ? »

L'essentiel, c'est qu'elle soit en accord avec elle-même. Vous savez, l'allaitement, quel qu'il soit, n'est pas seulement un acte nourricier, c'est aussi une vraie preuve d'amour, un partage, une communication grâce à de petits mots gentils. Dites-vous que mieux vaut un biberon donné avec beaucoup d'amour et de tendresse qu'un allaitement au sein contraint. Un lien réussi entre une maman et son enfant ne passe pas forcément par l'allaitement au sein. D'ailleurs, si l'on glorifie la richesse nutritionnelle du lait maternel aujourd'hui (il est bourré d'anticorps à l'image du colostrum, quelques gouttes extrêmement sucrées, très riches en calories et en protéines, émises par les seins avant chaque tétée) au détriment du biberon, c'était à peu près l'inverse, il y a vingt-cinq ans ! Et puis, si vous devez discuter de ses raisons profondes, la décision d'allaiter doit être le résultat d'une réflexion totalement personnelle.

« J'ai très peur que ma compagne accouche par césarienne : ai-je peur de l'acte médical, de la cicatrice ? C'est gros, c'est moche, c'est hard ? »

On s'en fait une montagne, mais la cicatrice est toute petite : 2 cm environ, assez bas, donc cachée par les poils pubiens (simplement, la peau n'est pas tout à fait de la même couleur à cet endroit). Mais la fonction est restaurée même s'il y a une marque. La grande violence de la césarienne, c'est qu'on voit disparaître sa tendre au bloc, en restant soi-même dans le couloir. Demandez à l'équipe ce qui se passe. Le temps semble long et il y a souvent des angoisses de mort chez l'homme. La maman doit accepter cette cicatrice, ça peut mettre du temps : on peut hésiter à se remontrer à l'autre. Ça peut renvoyer à un sentiment d'échec : parlez-lui, rassurez-la, et recontactez éventuellement une sage-femme si ça nuit à votre relation de couple. Sachez que la reprise de la sexualité n'est pas plus longue s'il y a eu césarienne !

« Si elle allaite, j'ai peur qu'elle ne puisse plus se détacher de notre bébé... »

Des milliards d'enfants sur Terre sont nourris au sein et s'en sortent plutôt bien, merci ! Un bébé nourri au sein est si rassuré, si sécurisé, qu'il n'a pas peur de perdre sa maman. Et le besoin de maternage de la maman est tellement satisfait qu'Elle laisse son bébé plus facilement en garde, à la famille ou chez une nourrice, ce qui facilite la reprise d'une vraie vie de couple aussi.

« Ma compagne semble épuisée. Puis-je demander qu'Elle reste un ou deux jours de plus à la maternité ? »

Sauf si vous tombez sur une maternité qui déborde de naissances, il y a peu de risques qu'on jette votre moitié dehors. D'ailleurs, si l'équipe soignante sent qu'Elle n'est pas tout à fait prête, qu'Elle panique ou qu'Elle est simplement épuisée, elle lui proposera de la garder un ou deux jours de plus.
Quoi qu'il arrive, il vous faut intégrer l'idée, et aider votre compagne à faire de même, que le séjour à la maternité est très court. Il faut l'y préparer, et vous y préparer, il faut surtout le voir comme une chance d'être enfin chez soi pour démarrer sa nouvelle vie, plutôt que comme une sanction.

« Une puéricultrice m'a dit que mon bébé souffrait d'un érythème fessier. Quelle est cette maladie ? »

Deux bébés sur trois de moins de 1 an en souffrent. Vous avez déjà moins peur, hein ? Peu exposée au soleil et à l'air, et souvent à touche-touche avec l'humidité des selles et de l'urine, la peau des fesses de votre bébé s'irrite et développe des infections comme l'érythème fessier. Ça ressemble à une irruption rouge, à des points rouges autour des fesses. Rien de grave à signaler !

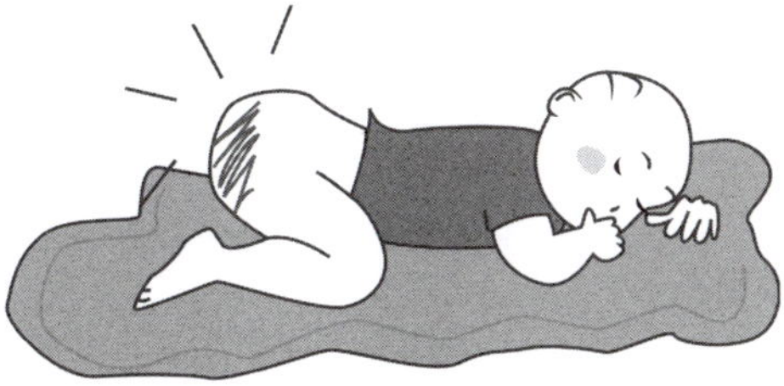

À chaque change, lavez ses fesses avec de l'eau et un savon ou un gel surgras plutôt qu'avec des lingettes plus agressives. Essuyez-les délicatement sans frotter, en tapotant. Ajoutez une crème : une bonne vieille couche de pommade à base d'oxyde de zinc pour isoler la peau, mais ne mettez jamais de talc par-dessus. Et puis, deux ou trois fois par jour, laissez donc votre bébé cul nu : il y a un risque d'accident, mais l'érythème, lui, rendra grâce. Changez-le deux fois plus souvent qu'en temps normal pour lui éviter un contact prolongé avec les petits pipis ou les gros cacas.

« Je dois acheter des vêtements pour mon fils, mais je suis perdu dans les modèles... »

Les vêtements pour bébés doivent d'abord être faciles à enfiler : de larges encolures et d'amples emmanchures vous éviteront bien des tracas ; rejetez d'emblée les brassières dont le col est orné de rubans ou de liens qui peuvent étrangler l'enfant ; Evitez les laines à poil long comme l'angora dont l'enfant peut inhaler les poils ; Evitez enfin les vêtements en pure laine, souvent irritants pour la peau de votre bébé. Même si vous craquez devant les minuscules pyjamas tout mignons, évitez de trop acheter d'un seul coup : un bébé, ça pousse très vite !

Mon truc en plus !

“ Quand j'ai débarqué à la maternité, j'étais tout fier d'apporter des vêtements à ma fille. Mais j'avais tout acheté en taille 0 : tout était trop petit. Choisissez plutôt du « 3 mois » dès le début, même si vous devez retrousser les manches pendant quelques jours. ”

Bruno, 35 ans, papa de Linda, 4 mois et demi.

S'y reconnaître dans les tailles de vêtements

Certaines marques proposent une taille « naissance » qui convient souvent aux jumeaux ou aux bébés prématurés, rarement aux autres. Alors si vous voulez éviter d'avoir à retourner à la boutique aussitôt que vous en êtes sorti, oubliez ! Allez-y d'emblée pour la taille « 1 mois », même si vous devrez remonter les manches quelques jours, et lisez ce petit pense-bête pas bête du tout.

- Il mesure de 48 à 56 cm : prenez la taille « 1 mois »
- Il mesure de 57 à 65 cm : 3 mois
- Il mesure de 66 à 72 cm : 6 mois
- Il mesure de 73 à 77 cm : 12 mois
- Il mesure de 78 à 81 cm : 18 mois
- Il mesure de 82 à 89 cm : 2 ans
- Il mesure de 90 à 97 cm : 3 ans
- Il mesure de 98 à 105 cm : 4 ans
- Il mesure de 106 à 110 cm : 5 ans
- Il mesure de 111 à 116 cm : 6 ans

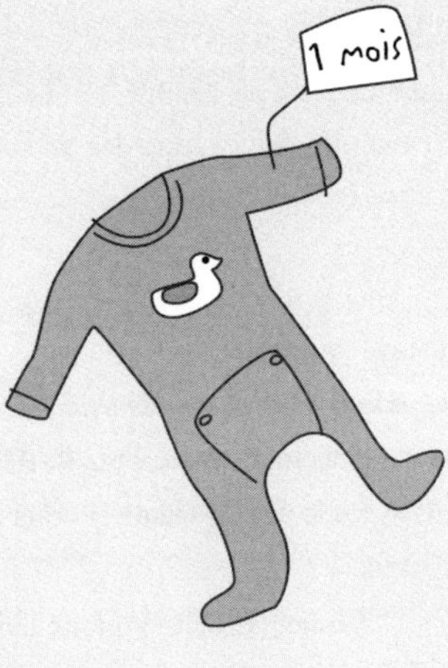

Mon truc en plus !

« Pour aider Éliott, mon fils aîné, à accueillir sa petite sœur, je lui ai acheté une voiture avant d'aller à la maternité et je lui ai dit : " Voilà un cadeau de la part de maman et de moi pour fêter l'arrivée de ta petite sœur !" »

Chen, 32 ans, papa de Sydney, 7 semaines, et d'Éliott, 27 mois.

« J'ai lu quelque part que les bébés avaient besoin de contact pour dormir : quand Maria n'arrive pas à s'endormir, il m'arrive de la mettre dans un couffin et de mettre le couffin dans le lit. Elle s'endort bien comme ça. Ça marche très bien aussi avec une grande boîte en carton dans laquelle je mets un pull à moi. »

Eddy, 28 ans, papa de Maria, 3 mois et demi.

Si vous voulez la bluffer...

- « Il ne faut pas te laver les seins avant la tétée pour ne pas éliminer les huiles sécrétées par les tubercules de Montgomery, les petites glandes situées sur l'aréole. C'est grâce à ce liquide odoriférant que le bébé est attiré par ton sein. »

- Dites-lui qu'au Pays basque, au XIXe siècle, la mère se levait sitôt après avoir accouché et faisait le ménage de fond en comble, tandis que l'homme, lui, se couchait, pouponnait et recevait les félicitations des voisins. En même temps, il n'est pas certain qu'Elle vous croie sur parole !

- Après la tétée, il est courant que bébé recrache quelques gorgées de lait. Les régurgitations sont fréquentes, les premières semaines, et proviennent de l'immaturité de l'estomac. Pas d'affolement donc, tant que la courbe de croissance de bébé se poursuit normalement. En cas de régurgitations, ne manipulez pas trop bébé ; ne le couchez pas trop vite après son repas et, surtout, prenez votre temps pour lui donner le sein ou le biberon.

  Vous pouvez toujours lui donner le même volume de lait par jour, mais réparti en plus de prises de moindre quantité.

« Est-ce qu'il va bien porter mon joli nom si j'oublie de le déclarer ? »

Si vous êtes mariés, pas de panique, c'est une employée de l'état civil qui s'occupera des formalités. Dans les maternités publiques, elle passe directement dans la chambre (n'oubliez pas de glisser le livret de famille dans le sac de votre compagne, Elle n'y pensera pas forcément). Si vous n'êtes pas mariés, vous devez vous rendre à la mairie du lieu de l'accouchement dans les trois jours qui suivent la naissance (si le troisième jour tombe un week-end, vous avez jusqu'au jour ouvrable suivant) avec votre livret de famille (couples mariés) et le certificat remis par la sage-femme qui a procédé à l'accouchement. L'officier d'état civil vous remet un carnet de santé. Passé ce délai de trois jours, c'est le tribunal de grande instance qui se chargera des formalités et ça vous coûtera plus cher qu'une poussette ou une table à langer, c'est moi qui vous le dis.

« Si je ne suis pas marié, comment reconnaître mon enfant ? »

Reconnaître son enfant, c'est l'inscrire dans une histoire familiale, lui dire d'où il vient. Evidemment, pour une femme, la filiation va de soi : si elle accouche d'un enfant, c'est le sien, un point c'est tout. Quant à vous, le futur père, si vous n'êtes pas marié avec la maman de l'enfant, il vous faut le reconnaître, faute de quoi vous n'aurez aucun droit sur lui, notamment concernant son éducation. Et si vous vous séparez de la mère, vous n'existerez plus aux yeux de la loi ! Soit vous vous rendez tous les deux dans n'importe quelle mairie pendant la grossesse, munis de vos pièces d'identité et d'un certificat de grossesse, pour reconnaître votre enfant (on appelle ça la « reconnaissance sur le ventre ») ; soit vous le faites à la naissance, en vous rendant à la mairie dans les trois premiers jours après l'accouchement, au même moment que la déclaration.

Au guichet de l'état civil, vous donnez le nom de la mère et vous déclarez reconnaître cet enfant. Si vous ne reconnaissez pas l'enfant, il portera le nom de la maman.
Il est également possible de reconnaître un enfant devant un notaire, si vous souhaitez garder la naissance secrète. Il suffit de demander de ne pas mentionner la reconnaissance en marge de l'acte de naissance. Cela permet par exemple à un homme marié de reconnaître discrètement l'enfant qu'il a conçu hors mariage. Le nom du père sera tenu secret jusqu'au jour de son décès.

« Ma compagne voudrait que nous donnions notre deux noms à notre fille. Est-ce vraiment légal ? »

Ce le sera peut-être en janvier 2005, oui. Le décret existe bel et bien, mais il n'est pas entré en application à ce jour. Il suffira alors de le demander à l'officier d'état civil au moment de la naissance, en précisant lequel de vos deux noms doit être noté en premier. Toutefois, cette loi ne sera évidemment pas rétroactive.

« J'ai un boulot monstre... Est-ce que je dois absolument être présent le jour de la sortie de la maternité ? »

Si vous ne deviez prendre qu'un seul jour, c'est bien celui-là ! C'est tellement important d'accueillir à la maison votre compagne, d'abord (le couple reprend réalité comme ça), et le bébé. C'est peut-être plus signifiant d'être présent pour cet accueil que de couper le cordon. Venez un peu plus tôt, éventuellement prenez votre demi-journée, il y a juste à faire enregistrer la sortie de votre compagne, c'est tout. Mais il faut être là. Après ce temps suspendu, votre compagne devra trouver de nouveaux repères. Et seul, on panique vite. Autant votre présence est facultative à la maternité, autant votre rôle à la sortie est déterminant. Je vous dis ça au cas où vous auriez prévu de lever le pied au bureau le jour de la naissance pour reprendre de plus bel 5 ou 6 jours après. Non, vraiment, c'est à ce moment-là qu'il faut prendre des vacances ou poser le congé de paternité.

« Comment habiller bébé à sa sortie de la maternité ? »

Comme vous. Je veux dire pas avec les mêmes marques (à moins que vous vous habilliez, vous, chez DPAM), mais avec le même type de vêtements, avec juste une couche en plus (il ne marche pas, lui).

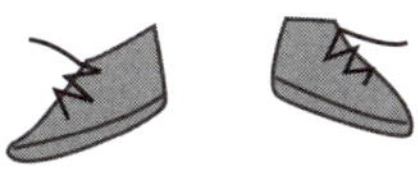

Mon truc en plus !

« Mon frère m'avait raconté qu'à la naissance de sa fille, il avait reçu en cadeau trois chauffe-biberons et deux girafes Sophie. Pour éviter ça, on a fait une liste de naissance, qu'on a déposée aux Galeries Lafayette. Les amis étaient contents, eux aussi, ça leur donnait des idées. »

Ronald, 31 ans, papa de Sydney, 11 mois et demi.

« Quand je fais un peu trop chauffer le biberon, plutôt que de le passer sous l'eau et de risquer de faire trop baisser la température, j'en transvase le contenu dans un autre biberon. »

Étienne, 28 ans, papa de Rémi, 11 mois.

« Est-ce que je peux mettre mon bébé dans un siège auto s'il a 4 jours ? »

Si vous comptiez le transporter dans son couffin ou à l'arrière du véhicule, dans vos bras, oubliez ! Un simple choc à 20 Km/h demanderait des bras d'une force capable de retenir 400 Kg. Comme ça, personnellement, je n'en connais pas !
Quelques jours avant d'aller chercher votre petite famille à la maternité, achetez un siège auto « dos à la route » : il protège mieux la tête et le cou du bébé, les parties les plus fragiles de son corps, et il ne prend qu'une seule place (vous ne pouvez pas mettre un siège auto à une place équipée d'un airbag, inutile de vous faire un dessin...). Si on vous prête un siège auto (ou que vous en louez un), assurez-vous qu'il correspond encore aux règles de sécurité exigées, que sa ceinture ne soit pas détériorée, qu'il n'a subi aucun choc et qu'il est adapté à la taille et au poids de l'enfant. Sachez qu'après un accident, le siège n'est plus fiable.

Les différents points à contrôler avant l'achat :

- Son homologation, du type : ECE.44.03.
- La ceinture de sécurité de la voiture est-elle suffisamment longue pour attacher le siège auto ?
- Le siège s'installe-t-il facilement dans la voiture ? Je vous suggère de l'essayer avant de l'acheter si c'est possible.
- Le harnais du siège est-il réglable en fonction de la taille du bébé ?
- Ce siège peut-il s'installer à la place centrale arrière avec ceinture deux points ?
- Le siège est-il bien équipé d'un harnais avec sangle d'entrejambe (pour bien retenir votre enfant) ?

Bienvenue à marmotte land !

Un bébé, ça n'est pas une légende, ne fait que pioncer, se réveillant juste toutes les 3 ou 4 heures pour une tétée. Ne vous formalisez pas, ça ne veut pas dire qu'il n'a pas une envie folle de voir son papa...

Âge	Temps de sommeil
nouveau-né	18 à 20 heures
1-3 mois	18 à 19 heures
4-5 mois	16 à 17 heures
6-8 mois	15 à 16 heures
9-12 mois	14 à 15 heures

N'écoutez pas votre mère (ni votre belle-mère) !

N'ayez cure de toutes ces bêtises que vous allez entendre, ces conseils à deux centimes d'euro qui vous seront gentiment prodigués. Et ça vient de partout...

1. « Laisse-le pleurer, ça lui fait les poumons » : au contraire, il est impératif d'intervenir au plus vite : ses larmes sont une ébauche de communication, et ne pas lui répondre, c'est refuser l'échange.

2. « Il te teste, fais attention, il va devenir capricieux » : un bébé ne pleure jamais par caprice avant 4 mois au moins, il veut vous dire quelque chose, mais on n'a pas forcément le dictionnaire au début. Il est important de réagir à ses pleurs de bébé : il saura ainsi que les autres s'occupent de lui et qu'il peut vous faire confiance, cela développera sa maturité psychologique et le rendra indépendant.

3. « Partez vite pendant qu'il ne vous voit pas » : même tout bébé, il faut dire à votre enfant où vous partez, et combien de temps. Comment voulez-vous qu'il construise une confiance en vous s'il pense que vous pouvez vous échapper en douce n'importe quand ?

4. « Lionel n'a jamais eu de tétine, il n'en est pas mort » : Vu sous cet angle, c'est vrai ! Mais il existe des bébés pour qui la succion est indispensable et qui ne trouvent jamais leur pouce. Allez-y, ça le rassurera.

5. « Il a les mains froides, couvre-le donc » : un bébé a toujours les mains froides.

6. « Il n'a pas sommeil, c'est inutile de le coucher » : au contraire, il ne faut pas attendre qu'un bébé ait sommeil pour le coucher. Il a besoin de sommeil pour la sécrétion de l'hormone de croissance. Alors, couchez-le quand vous le sentez, un peu après qu'il a mangé.

7. « Il faut lui donner du jus d'orange pour éviter le scorbut » : je ne vous ferai pas l'affront de vous demander l'âge de votre mère (ou belle-mère), mais le scorbut a disparu de nos contrées depuis plusieurs décennies. Alors, vous pouvez attendre quelques mois pour le jus d'orange.

8. « La tétine, ça les empêche de s'exprimer » : la tétine à 12 ans, pendant le dîner familial, oui, mais à 1 mois et demi...

9. « Tu n'as qu'à lui mettre de la farine dans son biberon, il te les fera ses nuits » : le gaver avec des farines peut provoquer chez lui des coliques, ce qui troublera encore davantage ses nuits. Si vous lui donnez à manger tout ce dont il a besoin, selon ses propres rythmes, il fera ses nuits.

Comment expliquer qu'un bébé, ce n'est pas forcément beau

Vous l'aviez imaginé comme un avantageux mélange entre vos jolis yeux et la belle bouche de maman. Et l'on est loin du compte. Ne soyez pas perplexes. Autant vous préparer à tout, et notamment aux réflexions un peu déplacées des copains, car un bébé, les premiers jours, ça n'est pas forcément la huitième merveille du monde (même s'il le deviendra vite, on vous fait confiance).

« Il a la tête d'un prix Nobel ! »

Le crâne un peu asymétrique, déformé, ou en pain de sucre, c'est assez courant. Ces déformations sont liées aux pressions que la tête subit pendant l'accouchement. Le petit crâne retrouve son joli arrondi en deux semaines.

« Ses boutons, c'est pire que l'acné de mon cousin ! »

Ces petits boutons rouges avec une pointe blanche au centre, c'est juste une rétention de sébum sans gravité qui disparaît en 1 ou 2 semaines et ne nécessite aucun soin. Ouf !

« Il a des seins ou quoi ? »

Cette poussée mammaire liée au taux élevé de prolactine touche les filles comme les garçons. Cela apparaît le quatrième jour et peut durer 4 à 6 semaines. Il n'y a pas de traitement, cela disparaîtra tout seul.

« Il est tacheté comme la tante Jeanne ! »

Fréquemment, la prolifération de petits vaisseaux sur les paupières, le front et la nuque, est à l'origine des angiomes plans, comme on les appelle. Ils peuvent aller du rose pâle au rouge foncé. Ces taches disparaîtront avant l'âge de 3 ans, sans aucun traitement.

« Il a la tête d'Elephant man ! »

Au cours des contractions, quand le col n'est pas assez ouvert, l'enfant va taper par les contractions contre le col de la maman : il naît avec des grosses bosses, avec un énorme hématome assez volumineux, une bosse molle.

« Il a le zizi tout gonflé ! »

Si l'un des testicules est plus volumineux que l'autre, il peut s'agir d'un épanchement de liquide entre les deux feuillets de l'enveloppe du testicule : les médecins parlent d'hydrocèle. Généralement, cette grosseur régresse en quelques mois.

Quant à la vulve de la petite fille, elle peut être légèrement bombée sous l'influence des hormones maternelles ou, plus rarement, tuméfiée au cours d'un accouchement par le siège. Ce petit hématome se résorbe spontanément et, s'il est un peu douloureux, les infirmières donneront du paracétamol au bébé pour le soulager.

« Il a le regard de Dalida ! »

Les trois premiers mois, les bébés ont une vision de près : ils regardent leur nez et ils louchent. S'ajoute à ça une immaturité des petits muscles qui commandent l'œil, trop faibles encore pour maintenir le globe oculaire au centre. Le plus souvent, tout rentre dans l'ordre dans les trois premiers mois.

« Il a la peau de ma belle-mère ! »

Si votre enfant est né à terme, et a fortiori quelques jours après, c'est normal. À la fin de la grossesse, en effet, le vernix caseosa, la pellicule qui recouvre et protège la peau du fœtus, commence à se diluer dans le liquide amniotique. Certains bébés naissent avec une peau très sèche et souvent de petites fissures aux plis des poignets, des coudes et des genoux. Il suffit de le masser chaque jour avec un lait hydratant pour que sa peau devienne vite toute douce.

« Il est rouge comme une pivoine ! »

Votre bébé a sans doute un fort taux d'hémoglobine, une protéine contenue dans les globules rouges. La cause demeure inconnue, mais c'est une particularité qu'on retrouve fréquemment chez les gros bébés « qui ont bien pompé dans les réserves maternelles ». En 2 ou 3 mois, le taux d'hémoglobine se régularisera et le teint de votre champion redeviendra rosé.

« Il est poilu comme un singe ! »

Ces poils fins, souvent très longs, recouvrent les fœtus (les bébés méditerranéens en ont souvent plus que les autres). Ce duvet laineux, appelé lanugo, tombe généralement peu de temps avant la naissance, mais pas toujours. Ce n'est qu'une question de temps : il s'estompera spontanément en 3 semaines, et ce bébé ne sera pas forcément un adulte très poilu.

« Il est bleu ou quoi ? »

Les pieds et les mains froides, les doigts et les orteils légèrement bleutés aux extrémités... C'est fréquent ! La première semaine qui suit la naissance, le système circulatoire n'est pas mature et le sang ne parvient pas encore à irriguer correctement les extrémités. En attendant, vous pouvez réchauffer votre bébé en massant doucement ses doigts et ses orteils.

Le Top 10 des jouets qu'il va adorer

Entre 0 et 6 mois, c'est inutile de lui acheter un circuit 24 ou une Playstation 2 (ou alors, c'est intéressé). Voici quelques idées qui marchent à tous les coups :
• Berceuse magique (39,95 €) • 4 hochets « mini-orchestre » (22 €) • Coccinelle toute douce qui éveille les sens (19,95 €) • Autocollants luisant la nuit (14,95 €) • Miroir musical à suspendre au lit (26 €) • Mobile « girafe » pour table à langer (29,95 €) • Arche d'activités (24,95 €) • 2 animaux hochets (19,95 €) • Miroir « Jungle » pour le lit (26 €) • Lapin des sens (22 €).
– À commander chez Graine d'éveil (VPC) : 0 892 35 07 77 ou sur le site Graine d'éveil : www.eveiletjeux.com

Mon truc en plus !

« Ma compagne partageait sa chambre avec une autre maman, ce qui rendait les lieux assez bruyants : vous imaginez deux bébés qui pleurent en continu. Je me souviens que mon premier cadeau pour Elle a été une paire de boules Quiès... Elle a pu bien se reposer. Je crois qu'une bague 18 carats ne lui aurait pas fait davantage plaisir. »

Yvan, 32 ans, papa de Miro, 2 ans.

Aux p'tits soins

À la maternité, assistez au bain chaque jour, vous n'aurez pas trop d'une fois pour assimiler cette séance. Et, revenu chez vous, je vous conseille de dispatcher les différents soins au cours des différents changes de la journée pour éviter que votre bébé s'énerve et s'agite dans tous les sens.

Les soins du cordon… « Euh, vas-y fais-le ! »

Chaque jour, jusqu'à la chute du cordon, désinfectez le nombril avec de l'alcool (60 % vol.) à l'aide d'une petite compresse ou d'un coton-tige, puis appliquez de l'éosine aqueuse. Pas de panique : s'il grogne, c'est que le produit est froid. On laisse le nombril à l'air pour qu'il sèche, et l'on replie juste le haut de la couche pour que le cordon ne soit pas en contact avec l'urine.

Les yeux… « Facile ! »

Pas technique pour un sou, c'est à la portée de n'importe quel papa empoté : le bébé ne dit rien, alors vous pouvez commencer par ça. Passez une compresse mouillée de sérum au bord de l'œil, en allant du coin interne (le plus propre) vers l'extérieur. Utilisez une compresse à chaque passage. S'il reste des sécrétions, versez une petite goutte de sérum dans l'œil et essuyez avec un coton.

Les oreilles… « Plus subtil »

Plutôt qu'un coton-tige, même « spécial bébé » (en forme de goutte), qui va pousser le cérumen au fond du conduit jusqu'à former un bouchon douloureux, optez pour le coton humide, imbibé de sérum ou d'eau tiède, qui accroche les impuretés. Passez-le en surface, en suivant les contours du pavillon, sans entrer dans le conduit. Et n'oubliez pas de vous promener aussi derrière l'oreille.

Le nez… « Un peu compliqué »

Prenez un petit morceau de coton vrillé à la taille de sa narine et imbibé de sérum, introduisez-le pour accrocher et éliminer les mucosités apparentes. Si le nez est encore pris, prenez une dosette de sérum et injectez-en une moitié dans chaque narine : chaque fois, penchez la tête du bébé du côté opposé à la narine pour laisser couler le liquide. Récupérez les mucosités avec un coton.

Si vous voulez la bluffer...

- Le bébé a la capacité de se protéger de ce qui le gêne : si le bruit qui l'entoure est insupportable, il se met à crier dans un réflexe de protection. Si on lui colle une tétine dans la bouche à ce moment-là, on l'empêche de se protéger.

- Pendant plusieurs mois, le bébé ne sait pas que sa mère est une personne différente de lui : il la prend pour un prolongement de lui-même.
Alors, lorsqu'on insinue qu'il ferait marcher sa maman en pleurant la nuit...

Mon truc en plus !

« Deux jours avant l'arrivée de ma femme et de mon fils à la maison, j'ai fait renifler un pyjama du bébé à Crapule, mon chat. Du coup, l'adaptation s'est faite en douceur, le monstre n'a même pas boudé. »

Michaël, 28 ans, papa d'Alfred, 6 mois.

« Iris est du genre « agitée »... Alors, pour qu'elle tienne en place au moment où je lui nettoie les fesses, je glisse un hochet dans ma bouche, qu'elle fixe du regard. Fascinée, elle s'immobilise quelques poignées de secondes. »

Eddie, 31 ans, papa d'Iris, 4 mois.

« Ayant toujours eu la frousse d'ébouillanter ma fille, j'ai très vite pris l'habitude de passer son biberon sous un filet d'eau bien chaude pendant 40 secondes. »

Sébastien, 26 ans, papa d'Anna, 9 mois.

« En rentrant à la maison, j'ai loué un petit berceau à roulettes en Plexiglas, tout transparent, le même que celui qu'ils utilisent à la maternité. C'était très pratique pour veiller sur Noémie et la transporter partout avec nous, dans tous les coins de la maison. »

Bertrand, 29 ans, papa de Noémie, 13 mois.

Les cheveux… « Trop facile ! »

La peau de certains bébés produit un excès de sébum, entraînant une petite irruption cutanée due à l'obstruction des pores (ces croûtes de lait n'ont donc rien à voir avec le lait). Dans le bain, déposez du shampooing sur sa tête, frottez doucement, laissez reposer. Lavez-lui le corps, puis revenez à la tête et grattez doucement les croûtes au peigne fin : elles se détachent. Vous pouvez aussi « ramollir » ces croûtes de lait avec de la vaseline ou une crème spéciale pendant la nuit. Au matin, brossez le petit duvet avec une brosse douce (pas la vôtre, surtout !).

Les ongles… « Très délicat pour les gros doigts de papa »

Pour éviter que votre bébé se griffe la figure, coupez-lui les ongles avec vos doigts (avant 1 mois, les ongles sont mous et se détachent facilement) ou une lime. Pendant sa digestion, il est alors dans un semi-coma (à la sortie du bain, les ongles se ramollissent), prenez ses doigts fermement dans une de vos mains et limez-lui les ongles de l'autre en essayant de donner une forme arrondie.

ATTENTION !…

Évitez d'acheter les ciseaux où l'ongle est à insérer dans une fente, c'est trop risqué !

La peau… « Un vrai bonheur ! »

Laissez tomber l'eau du robinet, trop calcaire, et le savon, et utilisez juste un coton imbibé d'eau thermale en brumisateur pour le nettoyer (n'oubliez pas les plis du cou où il transpire beaucoup).

« Regarde, papa ! C'est fou ce que je sais faire ! »

Vous pensiez que la petite crevette que vous avez sous les yeux était un tube digestif sur pattes incapable de faire quoi que ce soit ? Aidez-moi en respectant ce que j'aime ou pas et en me rassurant de mille manières. J'ai besoin de communiquer, d'être cajolé et de vous entendre. Plus vous me stimulerez, plus vite je grandirai ! Disons que je sais déjà pas mal de trucs, et que j'en apprendrai énormément peu à peu. Au début :

- JE VOIS : un peu flou, les formes et ce qui bouge, assez près de moi (à 20 ou 25 cm), comme le visage de papa dont je perçois les contours. Une lumière forte me gêne, mais j'adore les couleurs primaires, le bleu, le rouge, le jaune (surtout le rouge !) et suis attiré par les jolis motifs. Je n'ai pas la mise au point intégrée… Je ne reconnais pas les visages des copains de papa et maman, mais j'aime les visages.
- J'ENTENDS : bien sûr, depuis ma vie fœtale. Certains bruits me dérangent et me font sursauter (cris, portes qui claquent, machines…) alors que d'autres m'apaisent et me rassurent (musique ou voix douce). Je décrypte votre humeur dans le ton de votre voix. Et si vous chuchotez près de moi quand je dors, vous me verrez remuer un peu, ma respiration changera de rythme, mes yeux cligneront. Je reconnais entre mille la voix de maman, pas forcément celle de papa. En général, que je sois un garçon ou une fille, je préfère les voix féminines.
- J'apprécie : déjà certains goûts et odeurs. Mais inutile de faire des expériences. Ne vous étonnez pas si je réagis à des parfums trop forts ou au goût du lait de maman, qui varie selon son alimentation. Merci de mettre le maximum de douceur dans tout ce qui m'entoure (gestes, tissus, bruits…).

6 choses à savoir sur le congé paternité

Depuis le 1er janvier 2002, vous pouvez enfin, comme tous les pères, savourer l'arrivée de bébé en famille. L'an passé, 30 % des pères en ont profité (soit 250 000). Il est important de le prendre, au moins symboliquement, pour qu'on ne revienne pas en arrière en cas d'échec.

1. VOUS Y AVEZ DROIT : que vous soyez salarié (peu importe la nature du contrat de travail), stagiaire en formation professionnelle ou chômeur (si vous avez bénéficié d'une allocation Assedic dans les 12 derniers mois).
2. CE CONGÉ, D'UNE DURÉE DE 11 JOURS CONSÉCUTIFS (samedi, dimanche et jours fériés inclus) et de 18 jours pour les grossesses multiples, peut être accolé aux 3 jours alloués dans le cadre du congé naissance. Par ailleurs, ce congé n'est pas fractionnable. L'ensemble des jours doit être pris en même temps.
3. LE CONGÉ PEUT SE PRENDRE, AU PLUS TÔT APRÈS LE CONGÉ DES 3 JOURS, et au plus tard dans les 4 mois suivants la naissance du bébé : il est destiné à faciliter l'élaboration de la relation précoce papa-bébé. En cas d'hospitalisation de votre bébé, vous pouvez demander le report de ce congé à la fin de l'hospitalisation ; si la maman décède, le délai est repoussé après la fin du congé maternité postnatal qui vous est alors attribué.
4. VOUS EN BÉNÉFICIEZ QUELLE QUE SOIT VOTRE SITUATION FAMILIALE : marié, concubin, pacsé, divorcé, séparé.
5. COMME POUR UN CONGÉ MATERNITÉ, VOUS ÊTES PAYÉ PAR LA SÉCURITÉ SOCIALE au prorata de votre salaire avec un plafond maximal de 62,88 euros bruts/jour. Si votre salaire dépasse ce plafond, votre employeur pourra compléter jusqu'à concurrence de votre salaire réel : tout dépend de votre convention collective, ce n'est pas une obligation. Renseignez-vous auprès de celui-ci.
6. Vous devez :

   – Prévenir votre employeur par écrit (lettre recommandée avec accusé de réception) au moins 1 mois avant le début du congé, en indiquant la date de retour.

   – Envoyer à votre centre de Sécurité sociale et à votre employeur un extrait d'acte de naissance, ou une copie du livret de famille (à jour, avec bébé, bien sûr), ou un extrait d'acte de reconnaissance.

Ma lettre pour demander un congé paternité

Madame, Monsieur,
En vertu de l'article L.122-25-4 du Code du travail, je vous informe que mon enfant est né (ou devrait naître) le [date]. Je souhaite bénéficier du congé paternité à partir du [date] jusqu'au [date].
Je vous joins la photocopie du livret de famille (ou de l'extrait d'acte de naissance).

[Signature]

CHAPITRE 4

Le rodage de la première semaine à la maison

Vous êtes tellement soulagé de les ramener tous les deux dans le cocon familial... Vous ne vous imaginez pas que vous allez passer quelques semaines en immersion complète. Des questions ? Oui vous en savez, en pagaille même : • Faut-il faire faire le tour du propriétaire au bébé ? • S'il pleure la nuit, dois-je le prendre dans mes bras ? • Puis-je lui donner le biberon en regardant la télé ? • Comment savoir s'il a assez mangé ? • Comment reconnaître un bon pédiatre ? • Si je mets un CD de Lara Fabian, ça va le réveiller ?...

Comme si vous y étiez...

Vous voilà vraiment couronné papa ! Comme adoubé par votre enfant ! Là, avec quelques jours de recul, de digestion, vous savez que plus rien ne sera jamais plus comme avant. Tant mieux ? Tant pis ? Vous êtes sur les rotules, et pourtant, il va falloir tenir bon : les premières semaines sont cruciales, on vous l'a dit. Vous, le bordélique militant, votre organisation est draconienne. Vous sortez faire un marché rapide, vous réparez l'armoire à pharmacie, vous louez un film via Internet, vous changez le bébé, vous lui nettoyez le nez... Et à ceux qui pensent encore qu'un nourrisson est une sorte de légume, je demande : a-t-on jamais vu un légume dévorer, pleurer, rire et dormir toute la journée ? Ça fait plusieurs jours que vous n'avez pas mis le nez dehors pour acheter vos légumes bio adorés ; vous êtes plutôt branché sur telemarket.fr. Vous allez en vivre des nuits à ne plus savoir où vous êtes : quel jour ? Quelle année ? À vous endormir sur le biberon... comme un bébé. Vous faites vos armes de papa.

« Faut-il faire faire le tour du propriétaire à notre bébé ? »

À votre retour à la maison, prenez-vous quelques minutes pour faire découvrir à votre enfant son nouveau décor (« Tu vois, c'est ici que nous vivons »). Vous rigolez en vous disant qu'il ne comprend pas ? Erreur. C'est vous qui introduisez votre bébé au monde, on vous l'a assez dit. Eh bien, cette présentation passe par là : vous délimiterez ainsi l'espace dans lequel il vivra désormais. Baladez-vous de pièce en pièce, commentez (« Tu vois, c'est ici qu'on te donnera à manger »), sans pour autant entrer dans les détails (« Ça, c'est la lampe que maman a cassée deux fois déjà... Et ça, c'est les chaussettes que papa doit ranger depuis samedi »), quoique... De la même façon, présentez-lui toute nouvelle personne avec qui il aura des relations (« C'est Agathe, ta tata... Tu veux bien qu'elle te prenne dans ses bras ? »)

« Je me sens cloche quand je parle à mon fils de 1 mois »

La seule erreur que vous puissiez commettre, c'est de ne pas lui parler du tout ! Racontez-lui des histoires quand vous le changez, quand vous le nourrissez en voiture. Si vous êtes gêné de babiller ainsi alors qu'il ne répond pas, rassurez-vous en vous disant que vous l'aidez en stimulant son langage. Quoi qu'il en soit, il est fasciné par tout ce que vous faites, alors... Quand vous lui parlez, qu'il prête attention aux sons que vous pouvez produire, le bébé apprend et se mettra un beau matin à imiter son papa. Dès qu'il émet un son, vers 2 mois, répondez-lui comme si vous conversiez, aidez-le à se familiariser avec la conversation, l'échange. Vous verrez : son enthousiasme prouve qu'il adore qu'on s'adresse à lui. Modulez le ton de votre voix, utilisez le regard, regardez-le dans les yeux. La communication se fait dans les deux sens, et lorsque les parents deviennent conscients des petites réactions du bébé, cela les encourage à engager un véritable dialogue. Attendez qu'il « réponde » tout en sachant que le temps de réponse d'un nourrisson est sensiblement plus long que le nôtre : parfois, les adultes se détournent du bébé avant que celui-ci ait pu montrer sa réaction par un petit coup de pied ou par un sourire.

« S'il pleure la nuit, dois-je le prendre dans mes bras ? »

Malgré toute votre bonne volonté, malgré tout ce que vous lui avez proposé, il se peut qu'il continue de pleurer. Et ce n'est pas grave ! Une certaine quantité de pleurs est nécessaire à son bon développement : il doit évacuer les tensions de la journée. Si Elle se sent impuissante, vous pouvez dire à votre compagne que pleurer fait baisser la tension artérielle, élimine les toxines et relâche les tensions musculaires.

Le matériel dont vous n'aurez jamais besoin

Il y a toujours un bon copain, ou un magazine sympa pour vous conseiller d'acheter tel ou tel appareil super pratique qui, à chaque fois, reste au fond du placard. Voici ce que vous pouvez oublier d'acheter:

1. L'ÉCOUTE-BÉBÉ : à part pour jouer deux minutes avec vos potes à « Zebra 3, j'écoute », ça ne sert pas à grand-chose à moins d'avoir un jardin. Vous entendrez toujours le bébé, et si sa chambre est trop loin de la vôtre, faites-le dormir dans votre chambre les premières semaines. Economie : environ 99 euros.
2. TÉLÉ-BÉBÉ : une grosse caméra-boule qui se dirige à distance et voit même dans le noir et qui ne fera que le conditionner à s'inscrire à Loft Story 2020. Economie : 280 euros.
3. STÉRILISATEUR ÉLECTRIQUE : vous y plongez pendant quelques minutes biberon et tétines pour tuer les bactéries. Vous avez pensé à la casserole d'eau bouillante ? Economie : 90 euros.
4. PÈSE-BÉBÉ ÉLECTRONIQUE : ça ne sert à rien peser votre bébé même s'il est nourri au sein, mieux vaut aller à la PMI. Economie : 150 euros.
5. PARC À BÉBÉ : votre enfant déambule sans pouvoir se sauver si vous avez le dos tourné. Et la barrière à fixer à la porte de sa chambre alors ? Economie : 150 euros.
6. LE BABY-COOK : il cuit les légumes à la vapeur et les mixe, mais vous avez sûrement déjà un mixer. Economie : 45 euros.
7. CHAUFFE-BIBERON : une simple casserole d'eau fera parfaitement l'affaire. Economie : 50 euros.
8. L'HUMIDIFICATEUR D'AIR : il diffuse de la vapeur d'eau dans la chambre de votre enfant (et vous croyez d'un bol d'eau ne fera pas aussi bien l'affaire ?) Economie : environ 70 euros.
9. LA BULLE DE NATURE qui émet des bruits d'oiseaux et même les battements cœur de papa ou maman ! Economie : 30 euros.

ECONOMIE TOTALE :
environ 1150 euros soit : 191 heures de baby sitting ou un long et beau week-end en amoureux dans un palace de la côte normande.

« On dit qu'un bébé, ça mange tout le temps… Ça signifie combien de fois par jour ? »

Chaque bébé est différent, avec un caractère et un rythme biologique qui lui sont propres. Alors, au début, donnez-lui le biberon ou le sein à la demande, en fonction de son appétit (en moyenne, 6 à 8 fois par jour). Si ça vous paraît énorme en comparaison de 2 ou 3 pauvres repas quotidiens, songez que, dans le ventre de maman, il était nourri en continu.

« Comment savoir s'il a assez mangé ? »

Au biberon, si vous avez un doute, il existe un petit test simple : servez-vous de votre petit doigt pour distinguer une simple envie de succion (il s'en satisfait) d'une folle envie de manger qui le fait à nouveau crier au bout de quelques secondes d'une succion insuffisante. Surtout, faites confiance à votre petit bout : s'il a fini le biberon plusieurs fois de suite, il faut lui proposer la dose supérieure, c'est aussi simple que ça.

Mon truc en plus !

« Lorsque nous sommes rentrés à la maison, j'ai branché le répondeur sur lequel j'ai enregistré un message donnant des nouvelles brèves de ma fille et de sa maman, ainsi que le créneau horaire où nous étions joignables. Nous le mettions en marche dès que nous nous occupions du bébé, ça permettait de ne pas stresser. »

Yvan, 36 ans, papa de Carla, 13 mois.

« Plutôt que de me casser le dos sur la baignoire, j'ai donné le bain à Aurélie dans le lavabo jusqu'à ses 2 mois. Et comme elle détestait le contact froid de l'émail, je plaçais une serviette de toilette au fond du lavabo pour lui faire un revêtement tout doux. »

Thierry, 34 ans, papa d'Aurélie, 17 mois.

« Quand Bianca pleure à chaudes larmes, je la prends dans mes bras, je la tiens à 20 ou 25 cm de mon visage, je la fixe bien tout en lui parlant tout doucement. Les pleurs diminuent assez vite. »

Roberto, 37 ans, papa de Bianca, 1 mois.

« À raison de 7 tétées par jour, il faut que j'achète combien de dizaines de biberons ? »

On a toujours tendance à acheter des quantités astronomiques de biberons, comme si on ne les lavait jamais. N'en déplaise aux pharmaciens, 4 biberons suffisent : 2 biberons de 240 ml (la graduation doit être très lisible, de 30 ml en 30 ml) ; 1 biberon de 120 ml (pour boire de l'eau ou quand il aura au moins 1 an) ; 1 biberon de 40 ml ou 50 ml (pour les médicaments). Achetez toujours des biberons gradués, ce qui simplifiera le dosage de l'eau. N'oubliez pas d'acheter un grand goupillon pour laver les biberons, un petit pour nettoyer les tétines, et vérifiez que les petits trous ne sont pas bouchés.

« Est-ce que le pouce est plus naturel que la tétine ? »

Les deux déforment autant les dents : c'est la force de la succion qui déforme. C'est pareil. La manie du pouce, c'est difficile à arrêter. En revanche, c'est une réponse autonome et la nuit, il le trouve tout de suite. La tétine, il la perd la nuit, c'est plus facile à arrêter, on peut instaurer des règles. Maintenant, si votre enfant s'arrête avant l'âge de 6 ou 7 ans, âge de la sortie des dents définitives... Finalement, le problème, c'est moins la tétine que la façon de la donner : il faut faire attention à ne pas brider la relation et la communication.

« Il se réveille parfois la nuit, il fait du bruit, je l'entends... Dois-je me lever ? »

Patientez sans broncher, il s'agit de micro-éveils. Votre bébé rêve, il chantonne, il babille vaguement, il fait des bruits bizarres. Laissez passer quelques minutes, 9 fois sur 10, il va se rendormir. Si vous vous précipitez tel Buzz l'Éclair, vous l'empêcherez de trouver son sommeil. Surtout, ne hurlez pas depuis votre Dunlopillo : « Dodo ! », ce qui pourrait paradoxalement stimuler son envie de vous voir. Attendez un peu... S'il passe à l'éveil plus complet, vous ne gagnez rien à ne pas vous lever. Prenez-le dans vos bras quelques instants.

Mon truc en plus !

« À la maternité, les infirmières souhaitaient que nous couchions Hugo sur le dos, mais il détestait ça. On nous a dit OK pour le faire dormir sur le côté, mais avec un cale-bébé pour l'empêcher de rouler. Cependant, le crâne, très malléable, peut vite prendre une forme aplatie : après chaque tétée, je le recouchais de l'autre côté, équilibrant ainsi la pression exercée sur sa tête. »

Peter, 30 ans, papa de Hugo, 7 mois.

« On dit qu'il ne faut pas réveiller un bébé qui dort, mais il peut y avoir des urgences, non ? »

Si vous devez le sortir de son lit pour un rendez-vous chez le pédiatre, par exemple, ou pour aller faire une course urgente, parlez-lui doucement en le prenant, expliquez-lui où vous allez. Tout devrait bien se passer.

« Ma compagne veut dormir avec le bébé dans la chambre... Sera-t-on condamnés à le garder avec nous jusqu'à sa majorité ? »

En ce domaine, il n'y a pas de règle, pas de religion. Si vous êtes inquiets, si vous pensez que votre bébé a besoin d'être rassuré, rien ne vous empêche de le garder avec vous dans la chambre avant qu'il fasse ses nuits (dans votre lit même, les premiers temps) ; si, au contraire, le fait d'avoir le bébé tout près de vous et d'entendre le moindre de ses gloussements bizarres (et il y en a) a le don de troubler votre sommeil, laissez-le dans sa chambre. Sachez qu'une vigilance automatique se met en place dans le sommeil et vous alerte au moindre bruit anormal.

« On n'a pas de place pour lui faire sa chambre à lui... Comment faire si on ne peut pas déménager ? »

Vous pouvez toujours sortir son berceau ou son couffin dans le salon durant la nuit. Sinon, si vous devez le garder avec vous pendant plusieurs mois dans votre chambre, aménagez-lui un petit coin bien à lui, isolé du reste de la pièce par un rideau ou un paravent, pour qu'il apprenne à dormir seul, et ajoutez une touche bébé dans la déco de cet espace (un mobile, un dessin au mur...), pour faire en sorte qu'il s'approprie l'endroit.

Mon truc en plus !

« Tout bébé, Samantha pleurait dans son bain. Du coup, j'ai commencé à jouer avec elle pendant 10 minutes sans la laver. Je gardais la corvée du savonnage, et surtout du shampoing, pour la fin. Ce moment restait un moment de plaisir pour elle et pour moi. »

Adam, 40 ans, papa de Samantha, 28 mois.

« Il arrive que ma fille pleure parce qu'elle a des problèmes de digestion. Dès que ça arrive, je lui mets une bouillotte pas trop chaude ou une serviette chaude sur son petit ventre, et tout rentre dans l'ordre assez vite. »

Henri, 38 ans, papa de Janice, 3 mois.

« Dois-je vraiment jouer avec mon bébé comme on le dit ? »

Vous avez, nous sommes tous des êtres sociaux dès la première minute de vie. Voilà pourquoi, si les mobiles et les hochets sont très rigolos pour un nouveau-né, il n'y a pas de plus beau jouet pour un bébé que votre visage et votre belle voix de stentor : tout cela remue, fait du bruit, émet des sons, graves, aigus, cours et longs. En clair, avouez que c'est on ne peut plus rassurant, votre enfant vous préfère à tout autre chose. Alors, jouez avec lui, même s'il est âgé de quelques jours !

« Je ne m'en sors pas de ces tétines... Comment faire ? »

On connaît la chanson : il y a celle qui coule trop vite, l'autre pas assez, il y a les vitesses 1, 2, 3. Il n'y a qu'un moyen, et un seul, pour vérifier si une tétine fonctionne bien, c'est de retourner le biberon : si le lait s'écoule au goutte-à-goutte, sans que vous ayez besoin de secouer l'engin, c'est OK. Au contraire, si le jet est trop net, la tétine est trop percée.

« Il hurle dès qu'il est dans l'eau du bain... Cela signifie-t-il qu'il n'aimera pas l'eau autant que son père ? »

Il a passé 9 mois de sa vie dans l'élément liquide ! Alors, la sensation de l'eau, il la connaît par cœur ! Et il l'aime, vous pouvez en être sûr ! Il peut toutefois avoir froid, car si vous le mettez dans le bain, vous le déshabillez (je vous conseille de mettre votre grande main sur lui dès qu'il est nu et de lui ramener les jambes sur l'abdomen, il aura moins froid). Évitez aussi de le mouiller avant de le mettre à l'eau (plongez-le directement). Enfin, s'il est libre de bouger (on évitera les sièges qu'on met au fond de la baignoire), il pleurera moins : déposez-le de sorte à avoir sa tête sur votre poignet, coude fléchi, son bras dans la « pince » formée par votre pouce et votre index. En somme, tout en le tenant fermement, laissez-le bouger, il n'en sera que plus à l'aise, et parlez-lui d'une voix douce pour le rassurer. Ne donnez jamais le bain avant le repas : s'il crie, c'est peut-être à cause de la faim. Une dernière chose : ne videz pas l'eau quand le bébé est encore dans la baignoire, le bruit et la disparition de l'eau peuvent lui faire peur.

« Y a-t-il un risque que notre animal s'en prenne au bébé ? »

Pas de panique ! Si Crapule a toujours été équilibré, il n'y a pas de raison pour que ça change et qu'il se mette soudain à sauter au visage de votre bébé comme dans vos pires cauchemars. Evitez même de toujours lui interdire la chambre de votre enfant car il risque, dès que vous aurez le dos tourné, de s'y précipiter et peut-être de se venger sur votre enfant. Veillez juste à ce que votre chien ou votre chat ne reste pas seul avec le bébé, voilà tout. Quant à ce que raconte sur les chats qui étouffent les bébés, c'est une réalité, mais n'allez pas imaginer que ces animaux sont des tueurs froids : s'ils peuvent s'allonger sur le visage d'un nourrisson, c'est juste parce que c'est une agréable source de chaleur.

Mon truc en plus !

« Quand Harry était tout petit, il pleurait beaucoup le soir. Seuls des allers-retours dans l'ascenseur parvenaient à le calmer. »

Jean-Michel, 24 ans, papa de Harry, 6 mois.

« J'ai du mal à habiller Régis et j'ai découvert qu'en le mettant sur le ventre, tout devenait beaucoup plus facile pour l'habiller, mais aussi le déshabiller. »

Sébastien, 30 ans, papa de Régis, 3 mois.

« Mon chat peut-il transmettre des maladies à notre bébé ? »

Oui, Ropoutou, votre siamois préféré, lui aussi aime les animaux et peut refiler ses zoonoses, des maladies parasitaires ou bactériennes, à votre tout petit. On considère que 80% des chiots et 50% des chats hébergent des Toxocara cani ou cati, de petits vers ronds capables, par simple contact salivaire, de contaminer un nouveau-né et de provoquer une maladie des yeux. Surtout, pensez à vermifuger votre animal environ quatre fois par an (tous les quinze jours jusqu'aux trois mois de l'animal, puis, une fois par mois jusqu'à six mois). Enfin coupez les griffes de votre chat, brossez souvent votre chien et interdisez-leur de lécher le visage ou les mains de votre enfant.

« Est-ce qu'en massant mon fils, je me rapproche de lui ? »

Évidemment, un massage doux a des effets bénéfiques sur le plan affectif. Dès que votre bébé a 1 mois ou 2, vous pouvez vraiment le masser. Avant, c'est plutôt un rapprochement tactile. Vous pouvez prendre un petit cours à l'Association française de massage pour bébé (05 57 52 67 30 ou www.massage-bebe.asso.fr) ou jeter un coup d'œil sur la cassette VHS « Massage bébé » (Ellébore : 25 euros. Tél. : 01 40 01 09 49).
Utilisez des huiles pour éviter l'échauffement lié à l'action des mains : préférez l'huile de pépins de raisin ou d'olive. Et évitez les huiles essentielles trop fortes, ou celle d'amande douce (qu'on recommande partout pourtant), qui peut générer des allergies.

Ch. J. f. sachant garder

Vous aviez déjà en tête le premier critère pour choisir une baby-sitter : elle doit ressembler à Jennifer Lopez. Voici les 5 suivants :

1. Comme les melons, elle doit être mûre mais pas trop. Préférez les étudiantes, vous éviterez la gamine en âge de se faire garder elle-même (trop risqué !) ou la chômeuse de longue durée déprimée parce que sans emploi, sans enfant (trop déprimant).
2. Il y a une saison pour dénicher l'oiseau rare. Si vous optez pour l'étudiante, attendez le mois de novembre : elle aura ses horaires de cours définitifs, elle ne vous plantera pas 15 jours plus tard, mais n'attendez pas trop (l'étudiante est une denrée rare), et gare au mois de mai, mois des révisions !
3. Choisissez-la dégourdie mais surtout pas sans-gêne. Gaie, très vive, elle aura les bons réflexes en cas de pépin (comme appeler le SAMU plutôt que ses copines), sans envahir votre vie en critiquant la couleur de votre cravate ou la race du chat.
4. Jouez la proximité. Passé 22 h, une baby-sitter, ça se raccompagne. Et si elle habite à 22 km, c'est dommage pour vous, votre sommeil ou votre portefeuille (si vous lui payez le taxi). Cherchez d'abord dans votre immeuble ou celui d'en face.
5. Si vous voulez qu'elle s'investisse, si vous voulez qu'elle devienne comme une grande sœur pour votre enfant, épargnez-lui le ménage, la vaisselle, le pipi du chien : c'est autant de temps qu'elle consacrera à l'éveil du bébé. Enfin, si vous ne la connaissez pas, demandez-lui de passer la veille, histoire de voir comment elle se comporte avec votre bébé. Et dites-vous bien que le bon sens et la maturité comptent au moins autant que l'expérience.

Comment reconnaître un bon pédiatre ?

Une fois que vous l'aurez (bien choisi), vous en prenez pour 15 ou 16 ans, alors mieux ne pas se tromper, et ne pas vous contenter de faire votre choix sur une jolie plaque dorée rutilante... Pour la toute première fois, commencez par faire jouer le bouche-à-oreille ou interrogez le pharmacien de votre quartier, il connaît forcément les bons spécialistes. Voici quelques critères à prendre en compte pour voir si vous êtes devant la perle rare :

- Son cabinet est à 10 minutes au plus de chez vous : imaginez que vous devrez, les premiers mois, passer beaucoup de temps chez lui. Alors, à moins de prendre un petit hôtel dans son quartier...
- D'un rendez-vous sur l'autre, il se souvient de vous, du prénom de votre enfant. Il ne dit pas « Il » si c'est « Elle », « Maxime » si c'est « Gabriel », « Ça va mieux, son ventre ? » s'il a eu une otite.
- Il s'intéresse à votre mode de vie (nombre d'enfants, futur mode de garde du bébé, votre métier, vos horaires).
- Il ne parle pas que des maux et des maladies mais vous raconte par le menu l'évolution psychomotrice de votre enfant.
- Il vous donne un rendez-vous rapidement (dans la journée ou les 48 heures au maximum).
- Sa salle d'attente est spacieuse et bien équipée en jouets, TV, livres... Si vous devez poireauter, il faut que votre enfant s'occupe.
- Il n'hésite pas à vous prendre au téléphone dès que vous avez une inquiétude (sans vous faire de réflexion sur le thème : « C'est encore vous, M. Dubois ! »).
- Il sait vous entendre, vous expliquer ce qu'il fait, vous rassurer, toujours. Il n'agit pas en froid professionnel mais s'extasie volontiers devant votre bébé (« Il est canon ! », « C'est bien, ma beauté ! »).
- Il sait faire passer les messages, mais sans vous faire la morale. Si vous ne vous sentez pas à l'aise avec lui, discutez-en avec votre compagne et n'hésitez pas à en changer.

« Je n'en peux plus de ces pleurs... Comment faire pour ne pas le balancer par la fenêtre ? »

S'il pleure beaucoup, il faut d'abord essayer de comprendre s'il n'a pas faim ou mal. Quand on a éliminé les grandes raisons, notamment les raisons médicales, il faut prendre le temps et ne pas imaginer qu'il va mal sous prétexte qu'on ne comprend pas, car la tension vient souvent de là. Il faut rester auprès de lui et attendre que ça se passe. Quand on est fatigué et qu'on tolère moins les pleurs, il faut le dire au bébé : il comprend. Et puis ça soulage quand on dit : « Je n'en peux plus... J'en ai marre... Tais-toi ! » Il faut juste ne pas le jeter par la fenêtre, le reste, on a le droit de le lui dire. On peut aussi s'autoriser à prendre l'air, à passer le relais. Il ne faut surtout pas s'inquiéter davantage : on crée la tension et l'enfant se calme encore moins. À cet âge-là, un bébé est en prise directe avec vos émotions. Je ne connais pas de père qui n'en a pas eu marre à un moment ou à un autre. C'est pour tout le monde comme ça : on n'est pas des héros. Ce n'est pas de la maltraitance que d'avoir une limite dans ce qu'on peut supporter.

Petit précis d'organisation pour les hommes bordéliques

De retour à la maison, que faire pour ne pas être débordé ?
Prenez de bonnes résolutions pour ne pas vous laisser déborder. Souvent, il ne s'agit que d'une simple question d'organisation.

1. Repérez les commerçants du quartier qui sont ouverts tard le soir. Usez, au moins pour un temps, de leurs services.
2. Découvrez les joies des supermarchés qui livrent à domiciles. Faites vos courses sur le Net si vous habitez une grande ville (« www.ooshop.fr » ou « www.houra.fr »). Le site « chez-vous.com » répertorie les services à domicile de votre ville.
3. N'hésitez pas à demander un coup de main à votre mère, votre belle-mère, un frère ou une sœur. La première semaine, vous en aurez besoin : pour les courses, pour préparer un bon cassoulet, pour vous soutenir affectivement, pour vous entourer.
4. Affichez, bien en évidence sur le réfrigérateur, les numéros de téléphone utiles. Pédiatre, pharmacien, grand-mère, baby-sitter, pompiers...
5. Faites le tri entre le nécessaire et le superflu. Le ménage n'est pas fait ? Ce sera pour un autre jour... Le repassage est inutile – ou presque – si vous faites sécher les vêtements bien tendus sur un cintre. Pour la cuisine, allez au plus simple.
6. Donnez-lui les vitamines toujours au même moment de la journée. Le matin au premier change, pour ne pas les oublier, ou « élastiquez-les » autour d'une bouteille de lait.
7. Gagnez du temps. Stérilisez tous les biberons de la journée en une seule fois. Ayez toujours en réserve des couches en nombre suffisant ainsi que des boîtes de lait et des bouteilles d'eau minérale. Remplacez-les avant que la réserve ne s'épuise.

Et puis ça ne durera pas, vous vous comprendrez de plus en plus tous les deux. Sachez enfin qu'à 2 mois environ, ce bébé, qui vous sort parfois par les yeux, fera ses nuits, et vous aussi : ainsi, vous serez moins sur les nerfs. Et si vous n'en pouvez vraiment plus, ne vous sentez pas coupable de dire à l'autre : « Moi, je vais nager 3 km » ou « Je vais boire un coup au bistrot ».

« Dois-je me caler sur nos repas à nous pour le nourrir ?

À la maternité, on vous impose des horaires stricts de repas pour le bébé. À la maison, laissez tomber tout de suite ! Donnez-lui son biberon à la demande. Oubliez les tableaux des quantités qui donnent des proportions en fonction de l'âge : ce sont des repères, jamais des règles absolues. Il en veut encore ? Donnez-lui. Il ne veut plus du biberon ? Arrêtez tout. La seule chose à ne pas changer, c'est la dilution : une mesure de lait pour 30 cl d'eau. Votre bébé ne sera pas obèse ; alors, proposez-lui toujours plus de lait que pas assez : ça, c'est une règle.

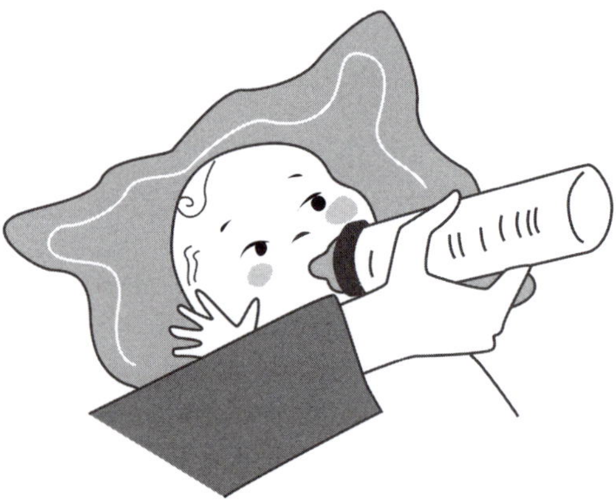

La trousse à pharmacie « spéciale bébé »

Pour les soins de tous les jours, vous avez besoin d'un peu de patience, et de deux ou trois accessoires que vous pouvez stocker...

- Liniment oléocalcaire (en pharmacie) pour les fesses et les petits massages (pas d'huile d'amande douce toxique).
- Alcool 60°.
- Éosine aqueuse en dosettes.
- Sérum physiologique en dosettes.
- Gel savon 2 en 1 (cheveux + corps)
- Coton carré Lotus
- Bandes ombilicales Sirgifix.
- Ciseaux à ongles pour bébés.
- Thermomètre électronique auriculaire.
- Thermomètre de bain.
- Couches 0-5 Kg.
- Coton-Tige avec embouts de protection.
- Compresses stériles.
- Lingettes.
- Brosse à cheveux pour bébés.

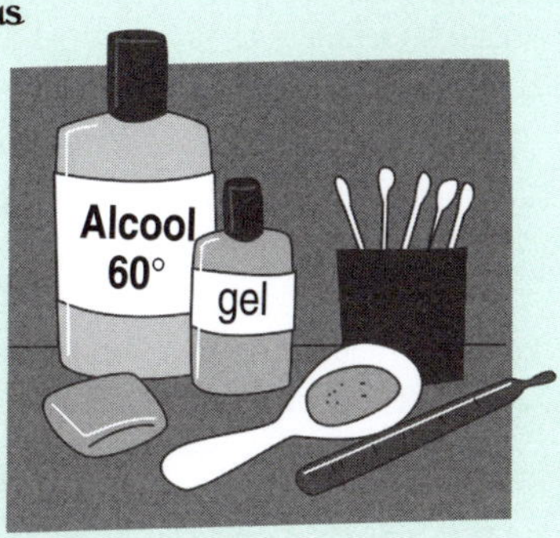

Mon truc en plus !

« Dès le retour de ma fille et de sa maman à la maison, je me suis organisé au bureau : j'ai parlé à mon patron, je me suis organisé avec mes collègues pour alléger mes horaires, pour pouvoir bosser au maximum depuis la maison et pour qu'ils prennent en charge mes rendez-vous et une partie de mes dossiers. Tout s'est bien passé : je crois que ça amusait tout le monde de participer au jour le jour à la grande aventure de ma paternité. »

Laurent, 29 ans, papa de Julie, 19 mois.

Le bain sans risque en 10 gestes sûrs

Pas question de filer chez Ed acheter du savon si vous n'en avez plus une goutte alors que votre bébé trempe déjà. Vous êtes là, vous y restez. Jusqu'au bout.

1. Veillez à ce que la pièce soit bien chaude (22 à 25°C) pour éviter les rhumes.
2. La température idéale de l'eau, c'est 37° C (achetez un thermomètre en forme de petit bateau, ça servira de jeu). Si vous n'en avez pas, trempez votre coude dans l'eau : vous ne devez ressentir aucun désagrément.
3. La main est l'instrument le plus sûr pour laver un bébé. Si vous voulez utiliser un gant de toilette, changez-le chaque jour pour éviter la prolifération des microbes.
4. Ne laissez jamais votre bébé dans la baignoire si l'eau est en train de couler : la température pourrait soudain grimper.
5. Faites couler un jet d'eau froide à la fin pour refroidir le robinet.
6. Inutile de mettre plus de 5 cm d'eau dans la baignoire pour un nouveau-né.
7. Ne le laissez pas une seconde sans surveillance : si le téléphone sonne, enveloppez votre bébé dans un drap de bain et emportez-le avec vous.
8. Vous pouvez déposer son pyjama sur le radiateur pendant le bain, mais attention aux boutons-pressions : ils peuvent devenir brûlants.
9. Posez au fond de la baignoire un tapis antidérapant et recouvrez le robinet d'une protection rembourrée pour éviter tout choc et toute brûlure.
10. Finissez toujours par le shampoing : si le bébé trempe dans l'eau pleine de shampoing, il peut attraper une infection urinaire (eh oui !).

ATTENTION.!...

Ne prenez pas un bain avec un nouveau-né : vous risquez de lui refiler une collection de miasmes. Ou alors douchez-vous d'abord, puis remplissez ensuite la baignoire.

« J'ai peur de le nourrir trop ou pas assez… Comment savoir s'il a encore faim ? »

Comment vous dire… C'est presque trop simple : si votre bébé a faim, il mange ; s'il est rassasié, il se contente de tétouiller la tétine sans toucher au lait ou il repousse le biberon (au sein, c'est plus dur de se rendre compte, car il peut téter juste pas plaisir), comme vous repoussez poliment, mais franchement, le roboratif bœuf bourguignon de votre belle-mère quand vous calez. Il faut faire confiance à l'enfant. S'il a fini le biberon plusieurs fois de suite, il faut lui proposer la dose supérieure. Ne vous dites jamais : « C'est impossible qu'il ait encore faim, je viens de lui donner un plein biberon ! » Si, c'est possible ! Alors, laissez-vous guider. Et vous, ça ne vous arrive pas d'avoir une faim de loup en sortant du restaurant chinois ?

« Il est capable d'attendre jusqu'à quel âge pour faire ses nuits ? »

À vrai dire, c'est moins une question d'âge que de poids, de quantité de réserve dont il dispose pour faire une nuit complète sans être réveillé par la faim. Il devrait dormir jusqu'au matin sans se réveiller aux alentours de 5,5 kg.

« Est-ce que je dois allumer la lumière, la nuit, avant de lui donner son biberon ? »

Si vous lui donnez un biberon la nuit, si vous le changez, vous pouvez lui parler, calmement. Vous pouvez même allumer une lumière douce, un éclairage tamisé, ça ne le gêne pas du tout. Finalement, c'est vous que ça réveille, ce sera plus dur de vous rendormir après ça. Simplement, évitez de trop le secouer, de jouer avec lui, de le faire gazouiller. Lui parler, oui, jouer, non.

« Est-ce que je dois aérer sa chambre alors qu'il fait un froid de canard ? »

Trois fois oui ! Le moindre grain de poussière contient à peu près 1,5 milliard de bactéries... Vous imaginez bien que renouveler l'air devient dès lors indispensable, plusieurs fois par jour même, y compris en plein hiver. Une expérience récente menée dans des crèches a d'ailleurs démontré qu'aérer seulement dix minutes par heure faisait baisser radicalement le nombre d'affections rhinopharyngées. Mais c'est la chambre, pas le bébé qu'il faut aérer : pensez à déplacer le couffin ou le transat dans une autre pièce avant d'ouvrir grand les fenêtres

« C'est la première fois que nous faisons garder ma fille par une baby-sitter. Que doit-on lui laisser comme consignes ? »

Pour que ces consignes ne soient pas trop fastidieuses à lire, vous pouvez rédiger un document qui pourrait s'appeler « Notice d'utilisation de Yaël » dans lequel vous inscrivez son rythme de sommeil, ce qu'elle préfère manger, ses jeux préférés. Vous ajoutez les numéros à appeler en cas d'urgence (vos deux numéros de portable, les pompiers, le SAMU...).

Qui contacter en cas d'urgence ?

- **SAMU** : 15
- **Pompiers** : 18

CENTRES ANTIPOISON :

- **Angers** : 02 41 48 21 21
- **Bordeaux** : 05 56 96 40 80
- **Lille** : 0 825 812 822
- **Lyon** : 04 72 11 69 11
- **Nancy** : 03 83 32 36 36
- **Paris** : 01 40 05 48 48
- **Rennes** : 02 99 59 22 22
- **Rouen** : 02 35 88 44 00
- **Strasbourg** : 03 88 37 37 37
- **Toulouse** : 05 61 77 74 47

« Est-ce vrai qu'il faut lui dire si je m'absente ou si quelqu'un vient le garder ? »

Si vous vous absentez, même si vous allez à la boulangerie du coin, dites-lui que vous le confiez à sa grand-mère par exemple, ou à votre voisine, racontez-lui brièvement pourquoi vous sortez, combien de temps aussi. Dès qu'il aura saisi qu'il peut compter sur vous, il prendra confiance en lui et sera d'autant plus autonome. Alors évitez de vous éclipser derrière son dos car il s'en rendra compte : se dira qu'il ne peut pas compter sur vous et craindra votre départ dès qu'il aura le dos tourné.

« Si je mets un CD de Lara Fabian, ça va le réveiller ? »

Lara Fabian ou Zazie, non seulement ça ne risque rien, mais vous devez impérativement vivre le plus normalement du monde. Autant il faut lui construire un lieu calme pour son sommeil, autant le reste de la maison doit continuer à vivre comme avant : on rigole, on met de la musique, on marche, on regarde la télé, on ne se gêne pas (surtout, on n'arrête pas les appareils électroménagers). Après tout, vous existez en dehors de cette paternité : c'est en intégrant cette idée que vous vivrez au mieux votre relation avec votre bébé. Et puis ces bruits familiers qui vont rythmer sa vie, ça le rassure.

« Dois-je vraiment lui donner le biberon chaud ? »

Le biberon est assez gras pour que tout se mélange correctement. Il faut que l'eau soit tiède. Au choix : donnez un biberon tiède ou à température ambiante.

« Puis-je lui préparer 2 ou 3 biberons d'avance ? »

On peut conserver un biberon environ 12 heures si on le place aussitôt au réfrigérateur et si on le donne au bébé dans les 3/4 d'heure qui suivent sa sortie du frigo. Dans ces conditions, si vous voulez préparer les biberons le soir pour le lendemain, aucun souci ! Mais il est hors de question de préparer un biberon à l'avance si vous devez le conserver à température ambiante : le lait étant sucré, les bactéries s'y développent plus vite qu'il n'en faut pour le dire.

« Puis-je utiliser l'eau du robinet pour faire son biberon ? »

L'eau de ville répond à des normes de santé publique qui la rendent potable ou pas : sans parasites, microbes ni pesticides, elle ne doit pas dépasser un seuil de nitrates (moins de 50 mg/l). Vous pouvez donc utiliser la bonne vieille eau de votre bon vieux robinet. Au pire, n'importe quel journal digne de ce nom vous informerait si l'eau de votre région se révélait soudain impure à la consommation des bébés. Mais si vous tenez absolument à vous faire les biscotos en allant aux commissions (vous avez arrêté le sport, il y a si longtemps...), allons-y pour l'eau en bouteille pauvre en sels minéraux (sodium, calcium, potassium...) On oublie deux références : 1. la Contrex « spéciale régime » de madame, 2. les eaux dont la teneur en fluor dépasse 1,5mg par litre. Leur consommation est déconseillée chez l'enfant de moins de 7 ans : pendant la période de formation des dents, l'ingestion excessive de fluor risque d'altérer l'émail ! En somme, la meilleure chose à faire est de regarder l'étiquette, qui doit mentionner « convient à l'alimentation du bébé ».

« Jusqu'à quel âge faut-il tout stériliser ? »

Certains spécialistes répondent jusqu'aux 3 mois de l'enfant, d'autres affirment que c'est inutile. Si vous décidez de stériliser parce que les microbes vous empêchent de dormir, après 4 mois, vous pouvez relâcher la pression : le système immunitaire de votre crevette étant désormais à la hauteur, il craint moins les bactéries et les germes qui prolifèrent dans le lait, et qui sont à l'origine des gastro-entérites. D'ailleurs, c'est à cet âge-là que le bébé met tout à la bouche. Pour les autres, les papas moins stressés, il suffit de bien nettoyer biberons et tétines avec un écouvillon, pièce par pièce, immédiatement après le repas, et de parfaitement les sécher. Et si vous avez un lave-vaisselle, il remplacera avantageusement la stérilisation.

Mon truc en plus !

« Pour lutter contre les régurgitations, l'idéal est de mettre un oreiller entre le sommier et le matelas, à la hauteur de la tête, et de fixer un de vos slips avec des épingles de sûreté au matelas dans lequel vous glissez votre bébé. De cette façon, le petit dormeur ne glisse pas au fond du lit. »

Jean-Michel, 31 ans, papa de Sacha, 8 mois.

« Lors des premières visites chez le pédiatre, entre les pleurs de ma fille et mon stress, j'oubliais la moitié des questions que j'avais à poser. Très vite, je me suis fait des petites listes que je passais en revue avant de quitter le médecin. »

Simon, 23 ans, papa d'Amélie, 22 mois.

Ce qu'il faut à tout prix éviter avec un bébé

1. Lui imposer notre rythme de vie (des horaires stricts).
2. Le solliciter en permanence (vouloir jouer ou le prendre dans ses bras).
3. Chercher à tout comprendre (ça viendra petit à petit).
4. Lui balancer des flashs sous prétexte que vous voulez immortaliser ce moment où tata Jeanine le prend dans ses bras (ses petits yeux sont sensibles à la lumière).
5. Anticiper ses demandes (le réveiller pour lui donner à manger : mieux vaut sauter un temps de repas qu'un temps de repos).
6. Le laisser pleurer dans son coin.

« J'ai très peur de lui abîmer la fontanelle... Est-ce aussi fragile qu'on le dit ? »

N'ayez crainte : cette zone non encore ossifiée sur le dessus du crâne est recouverte d'une membrane aussi épaisse qu'une bâche de tente.

« S'il a le hoquet, dois-je lui faire peur ? »

N'essayez pas de hurler, ça ne produirait aucun effet... sur le hoquet. Déjà, in utero, le bébé avait le hoquet. Il survient en général après le repas. Dites-vous qu'il n'en souffre pas et que ça disparaît tout seul après 10 ou 15 minutes. Si c'est à proximité d'un repas, vous pouvez lui donner une autre tétée, ça devrait passer plus vite.

« Puis-je lui donner le biberon en regardant la télé ? »

Le biberon, c'est l'occasion pour vous de prendre du temps avec le bébé, de vous découvrir mutuellement, alors on laisse tomber la saison 2 de la série Alias...

« Le pédiatre nous a prescrit des suppositoires. Je suis un peu intimidé à l'idée de les lui mettre... ».

Très longtemps, la question était : dans quel sens doit-on mettre le suppo ? Désormais, au moins vous n'avez plus à vous poser cette question : les deux bouts sont « carrés ». Vous n'avez qu'à immobiliser les jambes relevées du bébé, chevilles réunies, avec une main, et enfiler le suppositoire enduit d'un peu de vaseline. Gardez quelques secondes les fesses du bébé serrées histoire d'empêcher le suppositoire de ressortir aussitôt par où il est entré.

« Si je n'ai pas les bons gestes, est-ce que ça signifie que je n'ai pas l'instinct paternel ? »

Ne faites pas ce qui est « bien » en théorie, cherchez juste, en l'observant, en l'écoutant, ce qui est bon pour votre bébé. Regardez votre bout de chou en papa attendri, jamais en technicien, et tout ira de soi. Si votre bébé pleure et que vous ne trouvez pas la raison, détendez-vous, car votre bébé, lui, sait ce dont il a besoin, et il va tout faire pour vous mettre sur la bonne voie. Bien sûr, vous aurez parfois geste un peu hésitant, mais ça ne vous disqualifie pas pour autant : vouloir bien faire suffit à faire de vous un bon père, je vous assure.

Son agenda le prouve : bébé est surbooké

Il n'y paraît pas, comme ça, mais les premiers jours, votre bébé a un agenda de ministre, qu'il gère au plus près. Au début, ce sera à vous de suivre, car ça ressemblera à peu près à ça :

6 h : petit-déjeuner avec papa.
6 h 30 : toilette et retour au dodo.
8 h 45 : Non, déjà ? Cette fois, c'est maman qui vient donner le bib'.
9 h 45 : bain et soins du corps.
10 h : petit dodo (ça faisait longtemps).
11 h 50 : un brin de toilette avant de passer à table !
12 h 20 : rendez-vous avec doudou dans dodo.
15h : je passe la tenue d'après-midi et goûter.
15 h 40 : petit dodo dans la voiture pour récupérer.
18 h : légère toilette avant le biberon.
18 h 30 : un petit somme bien mérité.
20 h 30 : dîner avec papa et maman.
21 h 20 : tenue de soirée.
21 h 40 : « Do not disturb ! »
2 h : un dernier bib' pour la route.
2 h 15 : bonne nuit ! (Si tout va bien...)

« Mon fils de 2 mois ronfle, est-ce normal à son âge ? »

Un bébé qui dort émet toujours une petite musique, un léger sifflement, tout comme un adulte. Ce ronflement intervient quand son nez est encombré ou qu'il a des mucosités dans la gorge, qu'il ne peut expulser. S'il n'a pas de difficultés à respirer, n'ayez aucune inquiétude. Mais avant de le coucher, nettoyez-lui le nez avec du sérum physiologique et couchez-le en position inclinée, la tête un peu surélevée par rapport à son corps, et surtout en extension, le menton bien relevé.

« Quand faut-il consulter le pédiatre ? »

Plusieurs petits signes doivent vous alerter : fièvre, refus répétés de boire ses biberons, pleurs survenant par alternance régulière plusieurs fois par heure, entrecoupés de périodes de calme, pleurs avec larmes, gémissements plaintifs, transformation du teint, vomissements ou régurgitations de lait caillé, pas de selle depuis 24 heures ou au contraire de diarrhées. Votre bébé peut avoir un comportement agité ou abattu, le regard éteint. Dans tous ces cas, n'hésitez pas une seconde, appelez votre médecin traitant ou SOS Médecins.

Mon truc en plus !

« Pour bercer mon petit pou et l'endormir directement dans son lit, je glisse un bouquin de poche sous un pied : il n'y a plus qu'à appuyer sur le côté opposé du lit. »

François-Xavier, 39 ans, papa de Yannick, 9 mois.

« Si je suis angoissé par ma nouvelle charge, à qui puis-je en parler sans l'inquiéter, Elle ? »

Les sages-femmes sont aussi là pour ça. N'hésitez pas à faire appel à l'une d'entre elles, femme ou homme (dans les 8 jours qui suivent l'accouchement, la prise en charge par la Sécu est de 100 % pour 2 visites par jour, au-delà, de l'ordre de 70 %, la mutuelle prenant la différence à son compte). Vous pouvez aussi retourner à la maternité où une équipe pluridisciplinaire, composée de pédiatres, de sages-femmes, de psys, peut vous recevoir n'importe quand. Vous pouvez enfin contacter votre maternité pour voir s'il existe des groupes de paroles pour les jeunes papas (voir annexes) ou tout simplement prendre rendez-vous avec votre généraliste.

« Ma fille est née en hiver... Puis-je la promener sans qu'elle attrape je ne sais quoi ? »

Si le thermomètre descend en dessous de 0, restez à cocooner à la maison : d'ailleurs, il n'y a aucune obligation à sortir un nouveau-né. Si vous devez sortir impérativement, couvrez-la bien, surtout les jambes : elles doivent être bien protégées (par un nid d'ange, par exemple), non pas pendantes de chaque côté du porte-bébé (là, c'est le coup de froid assuré).

« J'ai des horaires variables et je voudrais lui donner son bain… Faut-il le lui donner à heures fixes ? »

À n'importe quelle heure : seulement, il faut être pleinement disponible. Évitez juste de le lui donner immédiatement après un biberon pour éviter les régurgitations dues à la gymnastique du déshabillage.

« Est-ce qu'on doit lui donner un bain quotidien ? »

Il est inutile de le laver chaque jour. Une fois tous les trois jours, c'est bien suffisant (plus, ça peut même agresser son épiderme). En revanche, vous pouvez lui donner un bain sans le savonner, juste pour qu'il se détende.

Mon truc en plus !

« Pour éviter les douleurs de dos terribles, j'ai découvert que je pouvais surélever mon coude en plaçant en dessous un oreiller. Non seulement je n'ai plus mal nulle part, mais je suis plus détendu, et Morgane aussi. »

Gérald, 34 ans, papa de Morgane, 3 mois.

« Le jour où nous sommes rentrés à la maison, j'ai décidé de dresser une liste : une tâche administrative à accomplir chaque jour (rendez-vous chez le pédiatre, banque, feuille de Sécu à renvoyer…). J'avais l'impression d'être moins débordé et d'avancer dans ce que j'avais à faire. »

Philippe, 34 ans, papa de Mathéo, 20 mois.

Un joli nid d'amour pour votre bébé

Même s'il ne mesure guère plus de 50 cm, bébé a besoin d'un minimum d'espace. Alors, voici 2 ou 3 pistes pour lui faire une chambre aussi moelleuse que l'utérus de sa maman.

Le sol anti-tâches

On choisit : un revêtement à la fois durable et d'entretien facile ; peu sollicité pendant la première année de bébé, le sol risque d'être mis à rude épreuve par la suite. Parmi les solutions les plus pratiques, il y a les parquets peints et vitrifiés ou les revêtements synthétiques souples (comme le lino) qui, s'ils sont moches et froids, sont robustes et faciles d'entretien : ils se balaient ou se lavent facilement. Si vous possédez un beau parquet et souhaitez le restaurer, soyez vigilants à ce qu'il n'y ait pas trop d'espace entre les lames, car c'est toujours très tentant pour de petites mains d'aller y glisser de petits jouets...

On oublie : le carrelage, dur et froid, où bébé n'aimera pas s'asseoir (peut être est-ce un moyen de l'encourager à se mettre debout plus vite ?). La moquette, moelleuse, certes, mais repaire inexpugnable des acariens de tous poils, ces mini-monstres allergisants. Elle est l'ennemie des petits doigts de bébé pleins de chocolat et de ses feutres pleins de couleurs. En plus, elle ne sera jamais assez plane pour monter le circuit qui est déjà dans le grenier alors que votre fils n'a que 9 jours. Si vous persistez, non seulement il faut opter pour le modèle naturel antitaches, mais vous êtes bon pour passer l'aspirateur 2 fois par semaine, interdire les chaussures, et la shampouiner 2 fois par an.

Si vous n'arrivez pas à vous décider, le compromis idéal est d'allier un parquet avec un tapis moelleux.

Un éclairage doux

On choisit : lorsqu'il est encore tout petit, prévoyez 2 sources de lumière : le plafonnier avec variateur permet de bien surveiller le sommeil de bébé, une autre lampe est utile à proximité de la table à langer. Sympa pour amuser bébé, la lampe qui tourne et crée une animation lumineuse. Une lampe de chevet avec une

ampoule de faible puissance pour éclairer en douceur les tétées ou les biberons nocturnes.
On oublie : les spots qui se fixent à l'aide d'une pince sur la bordure du lit et sont tournés vers les draps : ils peuvent devenir dangereux (à réserver aux plus grands).
Pratiques, les lampes halogènes diffusent une lumière agréable (restez vigilants sur la protection de la résistance : un jouet peut y atterrir par inadvertance et brûler) ; à réserver aussi aux plus grands.

Des murs pas trop flashy

On choisit : tout ce qui est lessivable ! La peinture ou le papier peint doivent être lavables, au moins jusqu'à 1 m de haut, car l'élan artistique, ça vient vite ! Choisissez une harmonie de couleurs discrètes et reposantes pour vous lasser moins vite. Vous n'aurez qu'à changer les meubles et la décoration au fur et à mesure, sans avoir besoin de refaire toute la chambre. Vous pouvez choisir des rideaux (opaques, la lumière ne doit pas pénétrer) avec des dessins de « lapinoux » pour égayer le tout.
On oublie : la peinture mate, très belle au rendu, mais qui marque beaucoup ; les couleurs trop franches, trop agressives (tout rouge, tout noir), sauf si vous voulez faire de votre bébé le plus jeune névrosé du pâté de maison ; les motifs, les petits personnages partout, qui fatiguent son œil.

Quelques trucs pour le calmer s'il pleure

1. **Il a faim ?** Ne le faites pas attendre, il est incapable de se dire : « mon pote, ça va arriver ! » Dans le ventre de maman, grâce au cordon, c'était self-service à toute heure, alors il ne peut pas se raisonner et patienter. Si vous préparez le biberon, parlez-lui, expliquez-lui que vous lui faites à manger, rassurez-le.

2. **Il se sent seul au monde ?** Vous verrez, souvent les bébés n'aiment pas être éloignés de leurs parents. Placez-le dans son transat ou, si vous ne pouvez pas rester dans la même pièce, parlez-lui et venez le voir de temps à autre.

3. **Il a chaud ou froid ?** Sachez, même si c'est un nourrisson, que c'est déjà une machine de grande précision, que son système de thermorégulation n'est pas tout à fait au point. S'il a froid (touchez sa nuque ou son ventre), couvrez-le, s'il a chaud, retirez une couverture.

4. **Il a besoin d'être rassuré ?** Un doigt de tendresse : on peut lui offrir son doigt à téter, à condition d'avoir les ongles courts et de s'être lavé les mains préalablement.

5. **Il a du mal à s'abandonner au sommeil ?** Vous pouvez effectuer un petit mouvement circulaire sur le haut de son crâne et la fontanelle (il n'y a aucun danger !), comme un doux effleurement...

6. **Il a mal au ventre ?** Il peut avoir des coliques ou juste de l'air dans l'estomac après son repas. Placez-le dans vos bras, dos contre vous, glissez une main entre ses jambes de sorte que la paume se place sous son ventre. Faites-le doucement pivoter pour qu'il soit en appui sur vos bras et massez-lui le ventre pendant quelques minutes. Ça marche aussi si vous arpentez sa chambre de long en large...

7. **Il est énervé ?** Tenez-le bien serré contre vous et caressez-lui le dos, de haut en bas, le long de la colonne vertébrale, en lui parlant tout doucement. Mais rien de plus rassurant qu'un petit câlin au contact direct avec la peau. Vous pouvez vous mettre torse nu, la chaleur n'en sera que plus apaisante. C'est le moyen idéal de créer une vraie complicité avec lui.

8. **Et s'il s'ennuyait ?** Il suffit de lui donner un petit jouet, un hochet ou d'installer un mobile au-dessus de lui.

Mon truc en plus !

« Dès que je me sens un peu tendu, un peu nerveux, à cause du boulot ou d'autre chose, je dis à ma fille : " Excuse-moi, ce n'est pas de ta faute, mais je suis un peu sur les nerfs, ce soir... " J'ai l'impression qu'elle comprend, que ça la rassure surtout. »

Bertrand, 31 ans, papa de Saskia, 3 mois.

« Les premiers jours, ma copine était toujours à me surveiller, à voir si je faisais les soins dans les règles, et ça me bloquait complètement. Finalement, c'est en m'occupant de ma fille la nuit que j'ai pris confiance en moi. Tous les deux, seuls dans le long silence de la nuit, nous répétions nos gammes. »

Fredrick, 22 ans, papa de Daphné, 5 mois.

« Quand j'ai ramené ma femme et le bébé à la maison, je leur ai organisé une petite cérémonie de bienvenue. J'avais accroché un calicot " Bienvenue à la maison ! " au-dessus de la porte d'entrée. Elle était très émue, moi aussi. »

Rémi, 27 ans, papa de David, 9 mois.

Mon truc en plus !

« Dans le bain, j'utilisais une éponge pour frotter mon fils. Maintenant, je fais ça avec la main et j'ai l'impression qu'il trouve ça plus agréable, ça lui permet de découvrir son corps. C'est comme une introduction au massage. »

Simon, 30 ans, papa de Paul, 2 mois.

« Pour remercier tous ceux qui nous ont envoyé des cadeaux pour la naissance de César, nous l'avons photographié plusieurs fois tenant dans les mains à chaque fois un cadeau différent, et nous avons envoyé ces polaroïds aux généreux donateurs avec un petit mot. Tout le monde a été très touché. »

Georges, 29 ans, papa de César, 6 mois.

Si vous voulez la bluffer...

- C'est vers 10 ou 12 mois seulement que les capacités visuelles de votre petit Mozart sont voisines des vôtres : il a alors une image très nette de son papa et de sa maman. Avant, il ne distingue guère que les contours des visages, les cheveux, vaguement les yeux, mais pas du tout les détails comme les rides...

- Si le nourrisson bouge beaucoup, dans tous les sens, s'il tremble parfois (on appelle ça les « trémulations du nouveau-né »), c'est que son système nerveux se développe petit à petit, qu'il s'organise encore !

11 gestes techniques expliqués à papa avec des mots de papa

Ce n'est pas que vous ne soyez pas un manuel (vous passez vos week-ends le nez dans le carbu ou à faire de la sculpture sur ballon), c'est plutôt que cette petite chose vous semble tellement fragile... Beaucoup plus, en tout cas, que le moteur de votre tondeuse, qui a quand même tenu 11 ans, dont 2 hivers rigoureux...

Comment changer bébé la première fois ?

1. Vérifiez que la pièce est assez chauffée (22° C) : puis installez votre bébé sur la table à langer recouverte d'une serviette de toilette plus confortable que le plastique du matelas.

2. Avant de retirer la couche, pensez à lui enlever ses chaussettes : les tout-petits ont la sale manie de recroqueviller les jambes, et leurs talons balaient allègrement les fesses sales. Tenez fermement les cuisses levées pendant toute l'opération. Conservez la couche sale en place sous ses fesses pendant tout le change (repliez ouate sale contre ouate sale pour faire reposer ses fesses sur la partie plastique) et utilisez les coins encore propres pour un premier nettoyage grossier avant de la

rouler en boule (fermez-la bien avec les adhésifs pour éviter « Beyrouth sur moquette » si elle tombe). Là, vous pouvez remplacer la couche par une petite serviette-éponge.

3. Lavez du plus propre vers le plus sale : en utilisant un coton carré humidifié, pour ne pas ramener des germes ou des selles vers le zizi. Pour une petite fille, commencez par nettoyer le bas-ventre, puis la vulve. Pour un garçon, nettoyez d'abord le dessus du zizi, de la base vers l'extrémité. Puis soulevez-le doucement pour faire la même chose en dessous.

4. Grâce à une serviette ou un autre coton, séchez bien la peau sans frotter : par petits tapotements successifs. N'oubliez pas les petits plis de l'aine.

5. Remplacez la couche tout de suite : dépliez la couche (les adhésifs doivent être derrière, au niveau des reins), centrez-la et glissez-la sous les fesses, les adhésifs au niveau du nombril, pendant que vous saisissez les chevilles du monstre en soulevant légèrement son bassin.

6. Avec un garçon, n'oubliez pas de diriger son zizi vers le bas : cela évitera les fuites à la taille. Et pour bien colmater sur les côtés, dépliez bien les bords froncés autour des cuisses.

Comment savoir si je ne serre pas trop ?
On doit pouvoir passer deux doigts entre le ventre de bébé et la couche.

ATTENTION !...

Les chutes de table à langer sont bien plus courantes qu'on l'imagine. Pour ne pas lâcher votre bébé une seconde, préparez tout le nécessaire avant : couche propre, gant de toilette ou cotons imbibés d'eau, liniment oléocalcaire, et éventuellement vêtements de rechange.

Mon truc en plus !

« Je trouve qu'habiller Manon en pyjama toute la journée est mille fois plus simple. En revanche, pour qu'elle distingue la nuit du jour, je change son pyjama : le vert pour le jour, le rouge pour la nuit. »

Vincent, 29 ans, papa de Manon, 3 mois.

« Comme j'avais un peu peur de lui couper ses minuscules doigts de fée avec les ciseaux, pendant 4 mois, j'ai rongé les ongles de Camille. Je ne l'ai pas dit à sa maman, c'était notre petit secret à nous. »

Éric, 32 ans, papa de Camille, 8 mois.

Comment préparer son biberon ?

1. Retirez votre belle cravate Paul Smith (voire votre jolie chemise) : au risque de la retrouver maculée de motifs qui n'ont rien à voir avec la mode. Puis lavez-vous les mains avant de toucher le biberon.

2. Quels que soient le type et la marque de lait, la proportion à verser dans l'eau est la même : 1 mesure de lait pour 30 ml d'eau (et pas question de gonfler la cuillère pour le caler et le faire dormir une heure de plus, il faut plutôt araser les mesures).

3. Naturellement, on aurait tendance à chauffer l'eau avant de verser la poudre : erreur ! L'eau chaude a tendance à coaguler le lait et à générer des grumeaux. Une fois le mélange devenu homogène (roulez le bib' entre vos mains) et à température ambiante, on peut glisser le biberon pendant 20 secondes au four à micro-ondes.

4. Avant de commencer, déposez quelques gouttes sur votre poignet : le lait doit être chaud, pas brûlant (26/28°C, comme

le lait maternel). Le petit lutin hurle tellement que vous n'aurez pas le temps de laisser le biberon refroidir. Passez-le éventuellement sous l'eau froide.

Il faut prévoir :

- Un robinet d'eau qui fonctionne
- Du lait en poudre.
- Une mesurette (fournie dans le lait).
- Un couteau (pour égaliser la mesurette).
- Une casserole.

Mon truc en plus !

« Une sage-femme m'avait dit que les bébés adoraient les visages. Aussi, quand Léa avait quelques semaines, je lui ai découpé des visages dans un magazine, que j'ai collés autour de son lit. Elle scrutait ça avec délice pendant de longues minutes. »

Thibault, 28 ans, papa de Léa, 5 mois.

« Quelques semaines après sa naissance, Chloé avait parfois du mal à s'endormir. Souvent, je m'allongeais dans sa chambre, près du berceau, avec un bon livre. Elle me sentait là, calme, et elle sombrait dans le sommeil facilement. »

Michel, 30 ans, papa de Chloé, 6 mois.

« Mon fils Simon s'endormait souvent dans son transat. Mais dès que je le transférais dans son lit, il se réveillait. En chauffant sa gigoteuse et son matelas avec un sèche-cheveux, il ne se rendait plus compte de rien et n'ouvrait même pas un œil au moment du transfert. »

Gérard, 39 ans, papa de Simon, 19 mois.

Comment lui donner son premier biberon ?

1. Trouvez un endroit où vous vous sentez bien : un fauteuil avec des accoudoirs, par exemple. Dos bien calé, cherchez une position que vous pourrez tenir 15 minutes, et qui favorisera la communication avec votre bébé. Votre bras constitue un super oreiller. La nuque du bébé bien calée au niveau de l'articulation du coude et sa joue contre votre buste.

2. Déclenchez le réflexe de la succion : en caressant doucement sa joue. Votre bébé se tournera dans votre direction, la bouche grande ouverte, prêt à passer à table.

3. Mettez-lui la tétine dans la bouche : inclinez le biberon à 45° de sorte que la tétine soit toujours pleine de lait et qu'elle n'appuie jamais sur le nez du bébé.

4. Retirez le biberon : glissez le petit doigt au coin de sa bouche pour stopper la succion.

LAITS POUR BÉBÉ :
le choix sans l'embarras

HA, AR, 1er âge, 2e âge... Choisir le bon lait pour votre bébé exigerait presque un diplôme de diététique s'il n'y avait ce petit lexique.

POUR UNE MEILLEURE DIGESTION : LES LAITS FERMENTES

C'est quoi ? Enrichis le plus souvent en bifidus (bactérie naturellement présente dans l'intestin), ils facilitent la digestion des protéines et du lactose, et aident l'organisme à lutter contre les bactéries extérieures. Pour qui ? Les bébés qui souffrent de maux de ventre et ceux qui ont du mal à faire face aux infections.

CONTRE LES REGURGITATIONS : LES LAITS AR

C'est quoi ? Ces laits « premium» ou « confort » sont épaissis avec de la farine de caroube, de maïs, de riz ou avec de l'amidon. Pour une meilleure efficacité, votre pédiatre peut vous prescrire en plus un épaississant de type Gumilk. Pour qui ? Les bébés « cracheurs » qui n'ont rien à voir avec les bébés souffrant de reflux gastro-œsophagien et qui suivent pour cela un traitement médical adapté.

CONTRE LES ALLERGIES : LES LAITS HA

C'est quoi ? Les protéines de lait de vache sont beaucoup plus fractionnées que dans un lait traditionnel pour limiter les risques de réaction allergique. Hypoallergéniques, ces laits ne sont en revanche pas inadaptés aux cas d'intolérance aux protéines de lait de vache. Pour qui ? Les bébés nourris au sein en cours de sevrage ou ceux présentant un terrain allergique familial.

POUR GRANDIR SANS GROSSIR : LES LAITS DE CROISSANCE

C'est quoi ? Les laits de croissance sont mieux dosés en fer, en acides gras essentiels en en protéines que le lait de vache ordinaire. Trop riche en protéines, ce dernier pourrait être lié à l'augmentation des cas d'obésité infantile. Par ailleurs, insuffisant en acides gras essentiels et déficient en fer, le lait ordinaire serait responsable des carences nutritionnelles les plus graves chez les bébés. Pour qui ? De plus en plus de pédiatres conseillent les laits de croissance aux enfants de un à trois ans. Un demi-litre par jour couvre 50% des besoins nutritionnels.

Comment le sécher correctement ?

1. Bien le poser au centre de la serviette : dès qu'il est hors du bain, enveloppez-le dans une serviette chaude (une vieille serviette est toujours plus douce). Repliez l'un des côtés sur lui (évitez de couvrir son visage pour ne pas le faire pleurer). Repliez le deuxième côté de la serviette jusqu'à l'emmailloter totalement.
2. Faites tout le tour : tamponnez-le doucement avec le peignoir pour le sécher. Pensez à essuyer tous les petits replis cutanés, dans le cou, sous les bras, les espaces entre les orteils, ainsi que derrière les oreilles (avec un mouchoir en papier). Vous pouvez utiliser un séchoir en position 1 (pas trop chaud) : il adorera ça !

Comment lui faire faire son petit rot ?

Souvent, les premiers rots sont difficiles à obtenir, il vous faudra plusieurs semaines pour parfaitement maîtriser la technique. N'en faites pas une obsession. Et si le rot ne vient pas, il peut avoir de petites régurgitations sans aucune gravité.

Mon truc en plus !

« Ma fille ne supportait pas le contact du gel douche froid sur sa peau, alors j'ai suspendu un filet sous le robinet : quand le bain coule, je mets le flacon dans le filet, il est tout chaud au moment du savonnage, et il n'y a plus de crise. »

Éric, 38 ans, papa de Mahaut, 18 mois.

« Depuis que mon fils est tout petit, il m'arrive souvent de lui donner deux bains par jour lorsqu'il est un peu agité. Ça a le don de le calmer illico. »

Thierry, 29 ans, papa d'Elia, 14 mois.

1. En tête-à-tête : installez-le délicatement sur vos genoux, le plus droit possible (son estomac ne doit pas être plié en deux). Soutenez sa poitrine d'une main alors que de l'autre, vous le frottez ou le tapotez au niveau des omoplates.

2. Sur votre épaule : placez-le de sorte que sa tête soit au-dessus de votre épaule, tournée vers l'extérieur. Soutenez fermement ses fesses d'une main, de l'autre, tapotez délicatement son dos ou en opérant un léger massage, la main bien à plat, dans le sens des aiguilles d'une montre.

3. Sur vos genoux : allongez-le « en avion », de sorte que son ventre repose sur un genou et sa poitrine sur l'autre (sa bouche ne doit pas être obstruée), le buste un peu redressé par rapport aux fesses. Frottez délicatement son dos d'une main, ou des deux. S'il ne s'est rien passé au bout de 10 minutes, passez à autre chose.

Comment le porter en toute sécurité ?

Bien souvent, on se retrouve devant lui comme devant une porcelaine rare et fragile. Eh bien, c'est faux. Vous pouvez y aller, il ne se cassera pas (pas avant 18 ans).

1. Contre l'épaule : calez-le contre votre épaule (une main sous ses fesses, la tête maintenue avec l'autre), le battement de votre cœur le rassurera.

2. Tourné vers l'extérieur : son dos contre vous, maintenez-le par la poitrine d'un bras, et utilisez l'autre pour soutenir ses fesses.

3. En appui sur votre bras : la tête du bébé repose au creux de votre coude, son corps sur votre avant-bras. Vous passez votre autre bras entre ses jambes pour que votre main soutienne son ventre.

Mon truc en plus !

« Ma fille n'aime pas trop qu'on l'habille, ou plutôt qu'on la déshabille. Alors, je veille à ce qu'elle ne soit jamais nue : je déshabille d'abord le haut (je remplace le pyjama par sa tenue de jour), puis le bas. En procédant ainsi, elle ne dit rien. »

Bernard, 28 ans, papa de Nina, 2 mois.

« Quand Pierre n'arrive pas à faire son rot (ce qui m'inquiétait, au début), je le couche sur le ventre, ou je l'assois bien droit, en lui tenant la tête : le rot est presque immédiat. »

Pierre, 30 ans, papa de Luc, 6 semaines.

Mon truc en plus !

« Léo, à 3 mois, régurgitait beaucoup. Alors, j'ai surélevé la tête du lit avec des bouquins. Du coup, mon fils était tassé au fond du lit. J'ai fixé à son drap-housse un vieux caleçon avec des épingles à nourrice sécurisées, puis j'ai glissé les petites pattes du petit remueur dans ledit caleçon. »

Éric, 27 ans,
papa de Léo, 15 mois.

Comment le masser pour le relaxer ?

Idéal pour la détente, le massage d'une dizaine de minutes sert aussi à créer une connivence (c'est essentiel si vous ne le nourrissez pas) et permet au bébé de prendre conscience de son corps.

1. Après un léger massage du crâne : posez vos pouces au centre de son front, faites glisser vos pouces en ligne droite vers les côtés du crâne. Recommencez 2 ou 3 fois, en plaçant vos pouces plus bas cette fois. Après, posez vos pouces au-dessus des sourcils et faites-les glisser doucement, en appuyant doucement sur les tempes de votre bébé.
2. Glissez vos mains sur sa poitrine : avec la base des paumes, massez la partie inférieure de la cage thoracique vers le bas et vers l'extérieur, puis ramenez les mains au centre.
3. Commencez par frictionner le dessus du pied avec les pouces : puis faites rouler chaque orteil entre votre pouce et votre index, en les écartant un petit peu pour qu'ils soient en éventail.
4. Massez maintenant le pied en entier : entre vos paumes en tirant vers vous.

Mon truc en plus !

« Pour soulager les coliques de mon fils, qui le rendaient bougon, je lui caressais le ventre dans le sens des aiguilles d'une montre, ou encore je l'allongeais sur le ventre. C'est presque miraculeux. »

Jérémy, 30 ans, papa de Yan, 7 mois.

Comment le sortir de son lit et l'y déposer ?

Dès que vous prenez un nourrisson dans vos bras, il faut soutenir sa tête volumineuse et lourde (un tiers du volume total du corps) pour lui éviter inconfort et microtraumatismes.

1. De votre main gauche, par exemple, soulevez sa tête : avec précaution, afin de glisser votre main droite sous sa nuque.

2. Déplacez alors la main libérée (la gauche) sous ses fesses : en faisant balancier, extrayez-le doucement, la tête un peu plus haut que les fesses.

Comment lui donner son bain ?

1. Après avoir laissé à portée de main un drap de bain : ainsi qu'une couche propre et un pyjama, déshabillez votre bébé, en ôtant sa couche en dernier. Si elle contient du caca, essuyez-le d'abord (vous n'allez pas salir son bain quand même !).

2. Portez votre bébé en mettant une main sous ses aisselles : sa tête reposant sur votre avant-bras, puis l'autre main dans l'entrejambe. Immergez-le, en commençant par les pieds.

3. Versez une noisette de produit 2 en 1 dans votre paume : de l'autre, maintenez bébé sous la tête. Savonnez en commençant par la tête (plus propre), comme on caresse un petit poussin, vous voyez ? Continuez par le ventre, les aisselles, les plis de l'aine. On termine par les orteils, le zizi, les fesses.

4. Maintenez votre bébé avec une main derrière la nuque : avec l'autre, versez-lui doucement de l'eau sur le corps, la tête (sans lui mouiller le visage). L'effet de surprise passé, il va adorer. Sortez-le après 5 à 8 minutes.

Mon truc en plus !

« Lorsque ma fille Nina était tout bébé, notre pédiatre m'avait donné un truc pour éviter qu'une rhino se transforme en bronchiolite : mettre dans la chambre du bébé l'étendoir avec le linge tout juste sorti de la machine. Grâce à cet air bien humidifié, le bébé respire mieux. »

Charles, 31 ans, papa de Nina, 13 mois et de Paul, 1 mois.

Comment lui enfiler un vêtement à col sans lui arracher la tête ?

En général, les bébés n'aiment pas être habillés. Vous verrez, il s'agite tellement qu'on a vite fait de croire que la petite créature a quatre bras et autant de jambes. Prévoyez, à portée de main, les vêtements dont vous aurez besoin alors pour l'immobiliser quelques secondes...

1. Avec vos deux mains, tirez sur le tissu : élargissez l'ouverture le plus possible, engagez l'arrière du col sous la nuque (n'essayez pas par le haut de la tête, ça ne passera pas).
2. En soulevant doucement sa tête : (attention de ne pas le griffer) faites glisser l'avant du col le long de son front, puis de son visage jusqu'à franchir le menton.

3. Introduisez trois de vos doigts dans la manche : du poignet à l'épaule, attrapez la main de bébé (ainsi, ses doigts ne peuvent pas s'écarter).

4. Faites coulisser le tissu de la manche sur le bras avec votre main libre : après avoir engagé la manche jusqu'en haut du bras, lâchez la main du bébé.

Comment le mettre dans le porte-bébé ?

Les pères adorent ça : c'est un super moyen de partir en vadrouille avec lui en vous découvrant mutuellement.

1. Avant de partir en vadrouille : entraînez-vous à le mettre « à blanc » à la maison.

2. Dès qu'il est harnaché, parlez-lui : touchez-le, rassurez-le, c'est une expérience toute nouvelle pour lui, et puis il ne vous voit pas.

3. Quand vous marchez dans la rue : gardez toujours votre main sur sa tête, qui risque de dodeliner de droite à gauche.

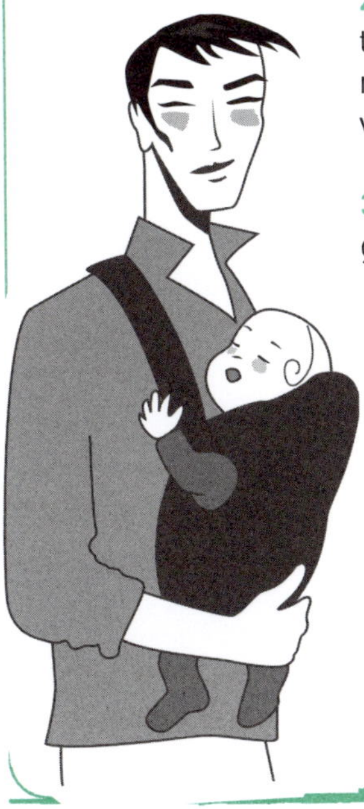

CHAPITRE 5

En vitesse de croisière

Ce bébé n'est plus tout à fait un étranger pour vous... Vous commencez à le comprendre, lui aussi semble vous décrypter un peu mieux de jour en jour... Vous avez construit un échange à coup de regards, de câlins et de caresses... La période la plus angoissante est maintenant derrière vous. Il n'empêche que vous avez encore quelques questions en magasin : • Comment s'organiser pour dormir un peu ? • Faut-il modifier nos pratiques sexuelles ? • Comment recruter une nounou sérieuse ? • Á quelles allocations ai-je droit ? • Y a-t-il des trucs pour le faire dormir ? • 1 mois, n'est-ce pas trop tôt pour les bébés nageurs ?...

Comme si vous y étiez...

Vous vous baladez au parc, avec votre bébé en poussette, en vieux routier de la paternité. Fier comme jamais, vous souriez intérieurement en voyant le chemin parcouru (pas depuis votre départ de la maison, depuis la naissance de la crevette). Et pourtant, 5 semaines après, l'émotion est intacte : le ciel est toujours « bleu layette », les nuages « rose fesses »... Vous n'appréhendez même plus de le changer devant tout le monde, sur un banc, sur l'herbe fraîche ou ailleurs. Vous maîtrisez tout, vous savez même replier la poussette-canne tout en sortant votre carte Orange dans le bus. Vous avez toutefois repris le boulot avec plaisir (de vraies vacances)... En plus, là-bas, vous n'êtes pas obligé de vérifier le caca du voisin. Il y a la pause-café, le trajet où vous avez le loisir de lire un livre sans images, et le bonheur de retrouver votre petite famille en fin de journée. Il y a bien encore quelques petits ratés, mais là, tel que vous vous voyez dans cette glace du centre commercial où vous êtes venu acheter des couches, vous êtes plus que comblé. Heu-reux !

« Comment s'organiser pour dormir un peu ? »

Vous n'avez pas le choix : vous devez modifier vos propres habitudes de sommeil pour éviter de ressembler à un zombi cravaté. Cela signifie que vous devrez vous coucher plus tôt, faire des sommes en même temps que votre bébé. Ménagez-vous. S'il est nourri au bib', ne prenez pas en charge une nuit complète, mais occupez-vous du bébé chacun à votre tour. Et demandez à des parents ou à des amis de venir vous aider de temps à autre.

« Est-ce qu'il existe un bon truc pour lui faire avaler ses médicaments ? »

S'il s'agit d'un sirop ou d'une solution buvable, posez la cuillère tout au bord de sa bouche, un peu inclinée, pour que votre bébé puisse « laper » le produit. Vous pouvez utiliser une seringue : placez-la sur le côté de la bouche, juste à l'entrée de la commissure des lèvres, orientée vers l'intérieur de la joue et non face à la trachée (pour éviter le risque de fausse route). Appuyez lentement sur la pompe pour permettre à votre bébé de « tétouiller » le bout. Surtout, ne mettez jamais son médicament dans son biberon de lait : s'il ne finit pas celui-ci, il risque de ne pas avoir la posologie nécessaire.

« Est-ce aussi précis de lui prendre la température sous le bras ? »

Si vous veillez à bien conserver la pointe du thermomètre sous son aisselle, c'est tout bon. Après quoi, vous ajoutez un degré à la température ainsi obtenue. Mais, entre nous, rien ne vaut le thermomètre rectal pour une précision maximale, sachant que même si vous y voyez un geste un peu violent, le bébé, lui, ne sent rien.

« J'ai repris le boulot. Comment m'aménager du temps à moi en dehors des couches et des cris ? »

D'abord, il faut savoir prendre le temps de ne rien faire les premiers jours, juste pour récupérer. Si vous vous précipitez sur une activité quelconque, un truc à faire dès que le bébé vous en laisse le temps, vous allez accumuler de la fatigue. Et comme votre compagne est aussi fatiguée, on tolère moins les remarques et l'on va vite au clash. Vous pouvez sortir sans le bébé. Il suffit de le lui dire : « Je suis ton père, mais je suis aussi Lionel et j'ai besoin d'aller faire 15 longueurs dans le grand bassin pour aller bien. » Le dire à l'enfant, qui ne souffrira pas de votre absence, c'est déjà se sentir mieux. Il faut oser prendre ce temps-là. « Pour l'équilibre de notre petit trio, c'est important que je prenne un peu l'air » : vous devez faire comprendre ça à votre compagne aussi. Si vous avez repris le boulot, autorisez-vous à prendre tout le temps de rentrer à la maison pour décompresser : faites un petit détour par votre boutique de chaussures préféré, par exemple. Si vous êtes à la maison et n'arrivez pas à dire à votre compagne que vous avez besoin d'un bon bol d'air, proposez-lui d'aller faire les courses (seul !), d'aller laver la voiture, ça passera tout de suite mieux. Alors, évidemment, il faut accepter de laisser aussi du temps à l'autre : Elle acceptera d'autant mieux votre besoin à vous que vous la laisserez s'épanouir, Elle aussi. Proposez-lui de garder le bébé pendant qu'elle va chez le coiffeur ou chez l'esthéticienne.

Mon truc en plus !

« Après la naissance de Rémy, j'ai eu l'impression que les points de sensibilité de ma femme avaient changé. On a redécouvert le plaisir des caresses, du jeu sexuel, et une nouvelle sexualité presque plus riche. »

Elie, 31 ans, papa de Rémy, 9 mois.

« On n'a toujours pas refait l'amour après un mois… Ça va durer longtemps, cette histoire ? »

Dites-vous qu'elle va reprendre, votre sexualité, à un moment où à un autre. D'ailleurs, vous n'êtes pas le seul mâle du quartier à n'avoir plus une sexualité débridée, c'est pareil pour tous les couples ! Même si le couple a eu 9 mois pour s'habituer à l'idée d'être parents, la venue au monde d'un enfant représente un grand bouleversement. Pour la femme, d'abord, qui brusquement passe du statut de « compagne » à celui de « maman », pour l'homme, ensuite, qui peut se sentir évincé – à juste titre – de la « relation fusionnelle » que sa compagne continue parfois d'installer avec bébé. Il faut se réapproprier le corps de l'autre, le redécouvrir.

Il faut être patient, séduire à nouveau. Il ne faut pas entendre sexualité uniquement par pénétration, il faut être imaginatif (pensez aux caresses, à la masturbation, sans culpabilité). Tout cela peut prendre 1 semaine, 2 mois, 3 mois (cette période de transition, on l'appelle joliment les « petites fiançailles »)… Ça n'est pas anormal. Il y a l'enfant, et puis la fatigue liée à l'enfant. Si vous avez eu une sexualité normale pendant la grossesse, vous tolérerez mieux cette période d'abstinence (c'est peut-être trop tard pour cette fois-ci, vous le saurez pour le prochain enfant). S'il le faut, n'hésitez pas à lui forcer gentiment la main pour qu'elle dépasse ses appréhensions. En revanche, si vous n'avez plus de rapport au-delà de 2 ou 3 mois, consultez votre généraliste, son gynéco, ou éventuellement un thérapeute de couple.

« Tout tourne autour du bébé : je me sens rejeté... Comment redécouvrir notre couple ? »

Vous pouvez éprouver de la jalousie en voyant votre compagne accorder autant d'attention à ce nouveau membre de la famille. Et si vous vous sentez exclu, vous aurez peut-être tendance à vous écarter encore davantage de cette relation, à vous absen-

ter de plus en plus fréquemment, en revenant du boulot tard... Eh bien, c'est exactement l'attitude inverse qu'il convient d'adopter : vous devez « séparer » la maman de son enfant en étant suffisamment présent et en jouant pleinement votre rôle de père : donnez-lui le bain, changez-le, jouez avec lui, promenez-le. Enfin, il faut veiller, de temps en temps, à se retrouver à deux, sans le bébé, afin que la jeune mère prenne conscience, petit à petit, que son enfant ne fait plus partie d'Elle. Dès que vous aurez un peu sorti la tête de l'eau, confiez votre bébé à une baby-sitter et emmenez-la à l'hôtel comme si vous étiez de jeunes amoureux en fugue.

« Jusqu'à quel point les sensations changent-elles lors de la reprise d'une sexualité ? »

Le périnée à été détendu par le passage du bébé : il y a une atonie des muscles. Alors, ne pensez pas que vous ne lui donnez plus de plaisir ! Simplement, parlez, dites ce que vous ressentez ou ne ressentez pas. Toutes ses sensations, et les vôtres, vont revenir grâce à la rééducation du périnée. Si vous n'arrivez plus à éjaculer, dites-lui ce qui se passe, avec des mots doux, toujours. Si Elle a eu une « épisio », le muscle du périnée a été coupé, il est donc sensible, et c'est normal que vous ayez tous les deux une appréhension avant et pendant les rapports. Sachez juste que c'est du solide, ça ne cassera pas ! La douleur se fait sentir à la pénétration, pas pendant tout le rapport : proposez-lui d'utiliser des lubrifiants. C'est parce que vous referez l'amour qu'Elle n'aura plus mal. Quand je dis que vous devez réinventer votre sexualité, vous pouvez masser sa cicatrice avec les doigts, préparer le périnée au rapport. Et puis prenez les positions qui appuient moins sur le périnée : sur le côté, ou par derrière, si ça fait trop mal. Surtout, il faut prendre le temps. Prendre le temps pour qu'Elle arrive à se détendre.

« Après la naissance du bébé, faudra-t-il modifier nos pratiques sexuelles ? »

Dites-vous surtout que vous n'êtes plus les mêmes, ni vous, ni Elle. Vous avez changé d'état. Vous êtes 3, désormais, ou 4, ou 5, vous n'aurez plus le même rythme sexuel, mais ça ne veut pas dire une sexualité de moins bonne qualité. Vous ne vous en rendez pas compte, là, sur le moment, mais vous vivez un moment positif dans votre histoire sexuelle commune. Vous êtes en train de vivre un éveil sensoriel : il y a une finesse du plaisir que vous ne connaissiez pas. Vous devez réinventer votre sexualité. Et dites-vous que si vous ne passiez pas par là, enfant ou pas enfant, tout cela deviendrait routinier. Donc, c'est une aubaine.

3 petites comptines qui feront (normalement) rigoler bébé

Dès qu'il aura un mois, si vous n'avez plus la moindre idée pour l'amuser ou le calmer, dites-vous qu'il vous suffit d'une main ou deux, et puis c'est tout.

VOICI MA MAIN (DÈS 1 MOIS)

« Voici... » (poing fermé)
« ... ma main » (main grande ouverte)
« Elle a... » (poing fermé)
« ... cinq doigts » (main grande ouverte)
« En voici deux... » (pouce et index dressés, les autres doigts repliés)
« ... en voici trois ! » (pouce et index repliés l'un contre l'autre en pince, les autres doigts levés)

La comptine se reprend du départ jusqu'à plus soif...

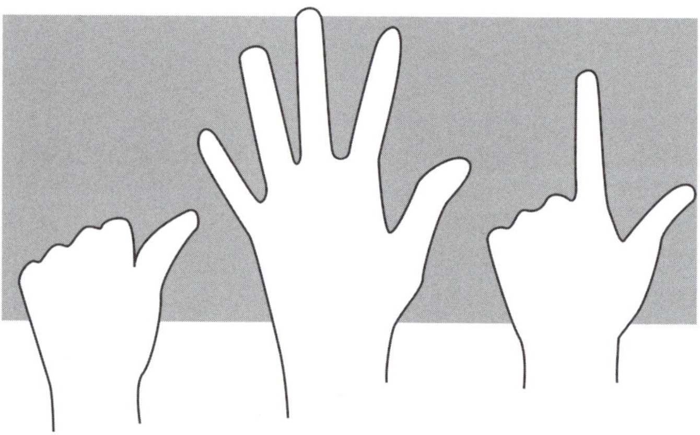

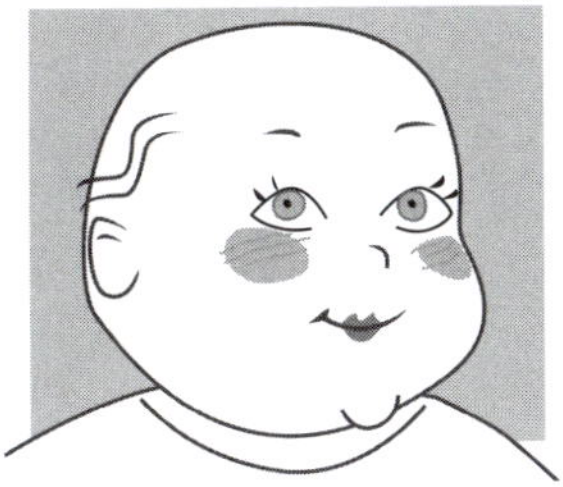

LA FOURMI (DÈS 1 MOIS)

« La fourmi m'a piqué la main (votre doigt pointe la paume de sa main)
...La coquine, la coquine,
...La fourmi m'a piqué la main (idem)
...La coquine, elle avait faim ! »
« La fourmi m'a piqué le nez (votre doigt touche son nez)
La coquine, la coquine,
La fourmi m'a piqué le nez, (idem)
La coquine, elle avait faim ! »
Etc... Vous pouvez égrener, comme ça, le pied, le menton, l'oreille...

LA VISITE DE LA MAISON (VERS 3 MOIS)

« Ce soir, je fais le tour de ma maison (le doigt dessine le contour du visage du bébé)
...Je ferme les volets (le doigt ferme les paupières l'une après l'autre)
...Je descends l'escalier (le doigt descend le long du nez)...
...J'essuie mes pieds sur le paillasson (le doigt va et vient entre le nez et la lèvre supérieure)
...Et je rentre » (le doigt entre dans la bouche).
Plus tard, vous pouvez utiliser cette comptine pour commencer un repas (la cuillère peut alors très bien remplacer votre doigt).

« Si elle allaite, serai-je en mesure de me réapproprier ses seins ? »

Le sein, c'est vrai, a une double fonction, érotique et nutritive. Et dans les débuts de l'allaitement, elle est surtout nutritive. Ce n'est pas pour ça que votre compagne n'acceptera pas qu'ils soient touchés ou léchés. Ça dépend, et des femmes, et des moments. Il ne faut pas hésiter à oser, Elle vous arrêtera si c'est sensible. Si c'est le cas avec votre dulcinée, vous n'avez pas d'autre solution que de respecter ça, et de vous attarder ailleurs ! Ça ne veut pas dire qu'il n'y a pas de désir, c'est juste que le sein est provisoirement sensible, ça reviendra.

« 1 mois, n'est-ce pas trop tôt pour l'emmener aux bébés nageurs ? »

Le bébé nageur doit impérativement avoir reçu les deux injections de Pentacoq et son BCG (certificat médical à l'appui). En clair, vous ne pouvez y emmener votre grenouille qu'à partir de 4 mois. Et puis le papa qui se voit déjà le dimanche matin faire des concours de crawl avec sa progéniture doit savoir que les bébés n'apprennent pas à faire la planche. D'ailleurs, avant 5 ans, les mouvements ne sont pas assez coordonnés, et la nage codifiée est impossible. L'intérêt de cette pratique, c'est de développer la proximité corporelle, de vous rendre attentif aux capacités physiques de votre enfant aussi. Pour obtenir des renseignements, contacter la fédération des activités aquatiques d'éveil et de loisir :
Tél. : 01 43 55 98 76
Internet : www.fael.asso.fr

« A partir de quel âge puis-je prendre l'avion avec mon bébé ? »

Si vous avez reçu le feu vert de votre pédiatre, dès la sortie de la maternité ! Sachez que l'avion est le moyen de transport le plus rapide donc le moins fatigant pour le bébé, et pour vous, les parents, qui serez finalement beaucoup plus détendus, et de ce fait, plus disponibles.

5 conseils pour bien voler en avion avec un bébé

1. Durant le vol, votre bébé doit reposer dans une nacelle (à réserver à l'avance auprès de la compagnie aérienne) ou un Maxi Cosy ;
2. A l'atterrissage et au décollage, prenez-le dans vos bras, et profitez-en, non pas pour lui montrer les contreforts du Colorado par le hublot, mais pour lui donner à boire un biberon (ou le sein) pour éviter les douleurs d'oreilles dues aux brusques changements de pression (la tétine, ça marche aussi) ;
3. L'air pressurisé de la cabine étant sec et déshydratant, prévoyez de quoi le faire boire beaucoup ;
4. S'il a été enrhumé, ou s'il l'est encore, faîtes vérifier ses tympans par le pédiatre quelques jours avant le départ afin d'être sûr qu'il n'a pas d'otite. Et nettoyez soigneusement son nez quelques minutes avant le décollage et l'atterrissage ;
5. Habillez-le de plusieurs épaisseurs de vêtements pour pouvoir le découvrir ou le recouvrir en fonction des variations de la climatisation.

« Quels sont les réflexes à avoir en tête si la fièvre monte ? »

Il a soudain une poussée de fièvre, vous êtes tout seul ? Inutile de paniquer. Si vous faites ça, tout devrait rentrer dans l'ordre sans que vous ayez besoin d'appeler votre mère à la rescousse...

1. Je le déshabille : votre bébé a les yeux brillants, les mains chaudes, il manque d'appétit... En posant votre main sur son front, vous sentez qu'il a de la fièvre. Découvrez-le pour ne lui laisser qu'un body léger : un bébé trop couvert peut voir sa température monter de 3 ou 4 degrés (ça ne sert à rien de lui donner un bain si vous lui remettez son pyjama). L'hyperthermie pouvant être provoquée par une chambre surchauffée, veillez à ne pas dépasser 20° C.

2. Je vérifie sa température : lubrifiez le bout du thermomètre avec une crème (vaseline). Allongez le bébé sur le dos et, d'une main, relevez ses jambes en le tenant par les chevilles. Secouez le thermomètre et introduisez-le tout doucement dans l'anus de votre bébé, en veillant à bien laisser le thermomètre parallèle au plan du lit. Si la température atteint 38° C, c'est de la fièvre.

3. Je le baigne : non seulement le bain calme et hydrate, mais il fait baisser la température de 0,5 à 1° C. Pour cela, l'eau ne doit pas être fraîche, mais tiède, de 2 degrés inférieurs à la température du bébé. Le thermomètre affiche 38° C ? Faites-lui couler un bain à 36° C. Pendant ces 10 minutes où votre

petit trempe, passez de l'eau sur son cuir chevelu, où il a tendance à beaucoup transpirer. Des bébés fiévreux, difficiles à calmer, trouvent plus aisément le sommeil après le bain. Profitez de ce moment de détente pour le rassurer. Il est déjà patraque, il a besoin de toute votre attention.

4. Je lui donne à boire : donnez-lui suffisamment à boire pour compenser l'eau qu'il perd par la transpiration. S'il a soif, tant mieux, répondez à sa demande. Tout est bon : de l'eau, bien sûr, mais aussi du bouillon de légumes légèrement salé, du lait ou du jus de fruit dilué. S'il refuse de boire, répétez votre offre régulièrement par petites quantités. Les besoins en eau d'un nourrisson sont 3 à 5 fois plus élevés que ceux d'un adulte.

« Sommes-nous condamnés à vivre cloîtré avec lui, sans plus voir personne ? »

Contrairement à tout ce que vous pouvez penser, on peut tout faire avec un bébé : prendre le métro, aller au restaurant, chez des amis. Votre bébé est capable de s'endormir même s'il y a de la musique à côté. S'il a besoin d'une seule chose pendant toute la première année, c'est d'être près de vous : tout le temps, n'importe où.

Quelques trucs à respecter pour une bonne nuit de sommeil

1. Le lit doit être réservé à une seule activité : le dodo ! Pas question de s'en servir comme parc à thèmes dans la journée.

2. Ce lit doit être agréé NF : cette norme garantit notamment un espacement des barreaux idéal au niveau de la sécurité (impossible de s'y coincer la tête ou le pied).

3. N'oubliez pas de glisser dans le berceau ou le couffin un doudou, ou mieux encore, un pull avec votre odeur ou celle de sa maman.

4. Ne le couvrez pas trop, n'utilisez pas de couverture ou de couette, mais plutôt un surpyjama ou une gigoteuse (certains bébés détestent ça, car, ainsi entravés, ils ne peuvent plus gigoter justement) si on est en hiver.

5. La température de la pièce ne doit pas dépasser 19°, 20° C. En hiver, l'air se dessèche à cause du chauffage, alors pensez à l'humidifier en posant un bol d'eau posé sur le radiateur.

7. Choisissez un sommier à lattes et un matelas ferme, bien adapté aux dimensions du lit, afin que votre petit dormeur ne risque pas de se glisser entre le matelas et le bord du lit.

8. On dort dans le noir, en baissant les stores ou en tirant les rideaux. Sachez-le : le nourrisson n'a pas peur du noir ! (en revanche, le jour, faites-le dormir à la lumière du jour, sans pour autant l'allonger en plein soleil, évidemment).

9. La veilleuse, ça ne sert à rien avant au moins 1 an (vous lui créez un besoin là où il n'en avait pas). Il était en pleine obscurité dans le ventre de sa maman, alors l'obscurité, vous pensez, il connaît. Un enfant n'a pas besoin de source de lumière pour se rassurer.

Et si ça ne marche vraiment pas...

Promenez-le en voiture autour du quartier (dans le siège auto) :
si vous n'avez pas à vous arrêter toutes les 10 secondes à un feu rouge, le mouvement de la voiture a un effet magique sur le nouveau-né (profitez-en, après, ça peut-être le contraire).

Faites un tour de pâté de maison en poussette :
généralement, ça fonctionne après quelques minutes, après avoir subi les regards noirs des passants devant votre bébé qui hurle dans la poussette. L'avantage, c'est qu'une fois le bébé endormi, vous pouvez rentrer et le laisser dormir dans la poussette.

Bercez-le (mais pas à l'ancienne) :
oubliez les bercements amples de gauche à droite, utilisez plutôt des rythmes saccadés et rapides (c'est pour cette raison que la poussette marche bien). Vous pouvez aussi le bercer du siège : la main sous ses fesses, tout le corps est envahi de bercements, c'est génial.

Chantez-lui une berceuse :
la meilleure chanson, c'est la vôtre, celle que vous inventerez (vous pouvez faire semblant de chanter en glissant au milieu de

ce charabia « papa », « maman » et son prénom). Installez-vous près du berceau, posez votre main sur sa poitrine et commencez à chanter tout doucement au rythme de sa respiration, puis de plus en plus lentement.

Mettez-le dans le porte-bébé :
glissez-le dans le kangourou et baladez-vous, faites ce que vous avez à faire : la vaisselle, du rangement, téléphonez.

Emmaillotez-le :
pour le rassurer, on peut l'envelopper dans une couverture, ce qui lui donnera une impression de sécurité.

Massez-le un peu :
avec la pulpe du pouce, massez son gros orteil. L'effet est presque immédiat (vous verrez, quand il aura grandi, si vous lui faites ça et qu'il ne veut pas dormir, il retirera son pied).

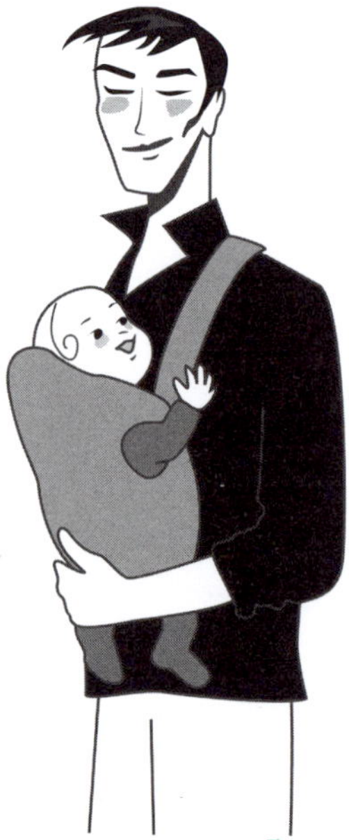

Prenez de la distance :

si vous laissez les choses se faire, si vous lui laissez le temps de s'endormir sans intervenir immédiatement, prenez-le dans votre lit.

Mais surtout évitez...

- de le prendre dans vos bras sous prétexte qu'il a les yeux ouverts et qu'il pousse des petits cris : il est juste en phase de sommeil agité.
- de rester à ses côtés pour s'endormir.
- d'attendre qu'il ait sommeil pour le coucher : il est important qu'il sache que vous, ses parents, avez une vie sans lui.
- d'attendre de lui qu'il fasse ses nuits avant l'âge de 2 mois.
- de lui donner des habitudes d'endormissement qu'il ne retrouvera pas, la nuit, s'il se réveille.

« Quels sont les jeux rigolos que je peux faire avec mon bébé ? »

Un jour, promis, vous pourrez jouer au foot avec lui, mais les premiers jeux avec votre bébé seront beaucoup plus élémentaires. Le jouet préféré de votre enfant, c'est vous, et surtout votre sublime et charmant visage. Alors, jouez-en !

Le « bribri » musicien (à partir de 2 semaines) :
le « bribri », c'est le nombril, et si vous enfouissez votre bouche dans ce nombril en soufflant comme dans une trompette et en secouant un peu la tête de droite à gauche, il rira et en redemandera !

Les grelots (à partir de 2 mois) :
suspendez des grelots à des rubans aux bras et aux jambes de bébé. Dès qu'il fera un mouvement, si léger soit-il, il se rendra compte qu'il provoque un bruit très doux. Attention : vous ne pourrez plus l'arrêter !

Mon truc en plus !

« Je me souviens d'avoir laissé parfois le sèche-cheveux allumé pendant 20 minutes jusqu'à ce qu'Ophélie s'endorme enfin. Mes collègues de boulot s'amusaient du fait d'entendre toujours le bruissement du sèche-cheveux chaque fois qu'ils appelaient à la maison. »

Fred, 26 ans, papa d'Ophélie, 11 mois.

« J'ai lu quelque part que la musique de Mozart calmait bien les bébés. Pour Esther, ça a toujours fonctionné. Évidemment, je lui passais la Flûte enchantée, pas le Requiem. »

Fred, 31 ans, papa d'Esther, 22 mois.

Si vous voulez la bluffer…

Un ou deux jours après la naissance, regardez votre montre, faites un baiser à votre compagne, et dites : « Il est 17 h 55 ! » Elle devrait dire : « Et alors ? » Vous répondrez : « Souviens-toi de ce que nous faisions, il y a 48 heures ? Elle adorera.

Les onomatopées (à partir de 1 mois) :
jouez à fabriquer des sons avec votre bouche. Faites des « meuh », des « boum », des « areu », des « vroum » et tous les bruits rigolos qui ne sont pas forcément dans le catalogue.

Les bulles magiques (à partir de 1 mois) :
achetez un appareil à bulles et créez des rafales de bulles autour de lui, il devrait bien sourire (et plus tard éclater de rire).

Le bateau ivre (à partir de 1 mois) :
faites-lui découvrir des sensations toutes nouvelles en mettant en jeu son sens de l'équilibre. Couché à l'horizontal, dans vos bras, son dos contre vous, balancez-vous doucement de gauche à droite, penchez-vous en avant, en arrière, baissez-vous, etc.

Le vol Paris-Nice (à partir de 2 ou 3 mois) :
prenez-le à bout de bras et mettez-vous à tourner lentement sur vous-même, puis de plus en plus vite (pas trop, sinon gare aux régurgitations). Dès que l'avion est « posé », serrez-le très fort contre vous en l'embrassant.

« Comment recruter ma future nounou sans faire d'erreur ? »

Confier votre bébé à une inconnue, c'est évidemment un défi. Vous avez entendu tellement d'histoires sordides... Voici quelques pistes pour éviter les « cas sociaux » et recruter sérieux.

« Pourquoi voulez-vous particulièrement ce travail ? »

Si elle vous répond qu'elle n'a pas eu d'enfants et que c'est un moyen pour elle de se « rattraper », fuyez, ou plutôt, mettez-la en fuite ! Si elle a l'air de ne pas comprendre la somme de travail que représente la garde d'un enfant, ou si elle ne parle que d'argent sans évoquer son amour des enfants, idem.

« Comment organisez-vous une journée ? »

Attention ! Si elle veut faire mille choses, si elle veut vous imposer tout un programme, et si elle ne veut vous parler que de ses envies (aller en balade dans une cour d'immeuble immonde, mais tout près) sans tenir compte de l'équilibre du bébé (aller au parc, même si la rue qui y mène grimpe à pic), fuyez également !

« Le bébé ne s'arrête pas de pleurer, quelle est votre réaction ? »

Voyez si elle pense à regarder la couche, à lui donner son biberon, à le prendre dans ses bras ? Si elle vous dit que, peut-être parce que vous êtes un homme et que vous pouvez entendre ça, c'est bon pour lui de pleurer : montrez-lui la porte et ne lui ouvrez pas si elle pleure.

« Le bébé tombe de sa chaise, que faites-vous ? »

Voyez si elle panique, si elle vous appelle plutôt que d'appeler un médecin, si elle a les bons réflexes, si elle garde son calme.

« Quel bébé idéal voudriez-vous avoir ? »

Elle répond :

- Un bébé en bonne santé, heureux (pas mal comme réponse).
- Un bébé qui rigole tout le temps (Mmm... Elle peut avoir peur des pleurs).
- Un bébé obéissant (vous pouvez craindre une folle de discipline : c'est inadapté à un bébé).
- Un bébé curieux de tout (embauchez-la sur le champ !).

Le sac de survie pour la petite sortie avec papa

Vous allez vous balader tous les deux, sans sa maman, comme de vieux complices que vous n'êtes pas encore. Évitez d'oublier l'essentiel pour que la virée ne vire pas au cauchemar :

- 1 serviette de toilette qui servira de matelas à langer.
- 3 couches.
- Du coton.
- 1 biberon de lait à moitié prêt (la poudre est dedans, ne manque que l'eau).
- 1 biberon d'eau minérale.
- 1 brumisateur.
- Des lingettes jetables.
- 1 sac en plastique pour les couches usagées.
- De la crème solaire.
- 1 petit pot et 1 cuillère.
- 1 doudou et 1 autre jouet qu'il aime bien (pour l'occuper si vous devez revenir en catastrophe).
- Des vêtements de rechange.

Aides, allocations : à quoi avez-vous droit ?

Ce n'est pas pour ça que vous avez renoncé à votre jogging dominical, mais si ça peut faire bouillir la marmite un peu plus fort...

VOUS AVEZ 2 ENFANTS AU MOINS : vous avez droit aux allocations familiales sans condition de ressources (110,71 euros/mois pour 2 enfants, 252,55 euros pour 3 enfants).

VOTRE BÉBÉ EST GARDÉ À DOMICILE OU À L'EXTÉRIEUR : vous avez droit à la Paje (Prestation d'accueil du jeune enfant) si vous et votre compagne gagnez moins de 4 100 euros nets par mois, comme 90 % des familles (800 euros de prime de naissance, une allocation de base de 160 euros mensuels jusqu'aux 3 ans de l'enfant et un « complément de libre choix du mode de garde » compris entre 150 et 350 euros/mois).

VOUS (OU VOTRE COMPAGNE) ARRÊTEZ DE TRAVAILLER POUR GARDER BÉBÉ : vous avez droit, sans condition de ressources, au « Complément retrait d'activité » si vous avez travaillé 2 ans dans les 4 ans précédant la naissance de l'enfant si c'est le deuxième, et 2 ans dans les 5 ans si c'est le troisième (340 euros/mois jusqu'aux 3 ans de l'enfant qui s'ajoutent à la Paje !).

Tous les renseignements sont disponibles sur www.Caf.fr

10 choses que vous ne saviez pas avant ce fameux jeudi 6 décembre !

- Une couche, ça se change les yeux fermés, à la seule lueur d'une lune pleine comme une assiette à soupe, en dormant debout.
- Une couche peut contenir plus de déjections qu'un sac-poubelle de 50 l.
- Prothinel prend un « h ».
- Histoires naturelles est rediffusé 2 fois dans la nuit.
- La chanson de Thomas O'Malley (Les Aristochats) dure le temps très précis d'un coup de fil super urgent à la banque.
- « Oiseau », même en régime libéral, ça se dit « coco ».
- Mimi, elle a plein d'amis : elle adore surtout Charly, Cyril, et Eddie.
- Au 235e visionnage de Monstres & Cie, on découvre encore des choses.
- Il y a 123 façons de préparer les pâtes.
- Tenir un bébé dans vos bras en ouvrant le four à micro-ondes et en répondant au téléphone sans en faire tomber aucun des trois, c'est possible.
- Dormir 4 heures seulement par nuit pendant 1 mois sans commettre un meurtre ni traiter votre patron de négrier, ça aussi, c'est possible (si, si !).
- Dormir 7 minutes, ça peut aider à tenir une demi-journée.

Grand quiz
50 questions pour calculer votre « réflexe paternité »

Qu'est-ce que vous imaginez, mon bon monsieur ? Qu'on part tous avec les mêmes bases dans cette grande aventure humaine qu'est la paternité ? Certains ont ça dans le sang, comme d'autres ont la fibre artistique ou le sens des affaires, parce qu'ils sont issus d'une famille nombreuse peut-être, d'autres mettent un peu plus de temps à se mettre dans le bain (ou à y plonger leur nouveau-né). Pour savoir si vous avez les bons réflexes, entourez dans la liste des questions suivantes la lettre qui correspond à la question chaque fois que la que la réponse est « oui », et vérifiez quelle lettre revient le plus souvent. Il ne s'agit pas de tester votre capacité à être ou non un bon père, juste d'estimer votre capacité naturelle à vous occuper d'un nourrisson.

- Petit, vous jouiez avec le baigneur de votre grande sœur.
- On vous raconte un accouchement qui a duré 22 heures, vous vous dites : « Merde ! ils ont passé la journée à l'hôpital ? »
- Votre compagne vous dit : « Je crois que ça y est... », vous lui répondez : « C'est dans quel hôpital déjà ? »
- Ses contractions sont espacées de 20 minutes... Vous la prenez par la main et vous filez à la maternité.
- Toute la nuit, votre compagne va du lit aux WC, des WC au lit, et vous demande finalement comme une faveur de pouvoir faire pipi au lit : vous pensez qu'il est temps de filer à la maternité.

- Vous partez avec Elle à la maternité : vous glissez dans un sac un chronomètre pour évaluer le temps des contractions.
- En arrivant, un médecin vous dit que le col de votre chérie est dilaté à 6 cm. Vous menacez de lui en mettre une.
- Vous dites à votre compagne que vous resterez derrière la porte de la salle d'accouchement.
- Au moment de couper le cordon, vous dites à la sage-femme qu'elle est payée pour ça.
- Dans la « salle de travail », vous filmez l'accouchement et vous demandez à une aide-soignante de vous tenir le flash.
- Vous souffrez en voyant votre compagne souffrir, vous demandez à la sage-femme une péridurale... pour vous.
- Vous voyez la sage-femme attraper des couverts à salade, vous vous demandez ce que ça vient faire ici.
- Vous baissez le dossier de la table d'accouchement, vous ouvrez la porte pour faire courant d'air.
- Le bébé vient de sortir, vous sortez de la salle et vous appelez tous vos copains pour leur annoncer la nouvelle.
- Dans la chambre n° 34 de la maternité (celle de votre compagne), une copine commence à parler ablation des hémorroïdes et vous trouvez ça instructif, vous l'écoutez.
- À tata Jeanine, qui prend bébé dans ses bras, vous lancez : « Ce n'est pas un joujou, il faut le reposer maintenant ! »
- Changer une couche, vous voulez bien, mais contre quoi ?

- Vous le promenez en poussette, il a le soleil dans l'œil, vous vous dites qu'il va synthétiser plus de vitamine D.
- Dans la chambre de la maternité, vous refusez de prendre bébé en photo de peur que son ego ne gonfle (dixit une étude danoise qui a énoncé le « paparazzi syndrome »).
- Le quatrième jour, vous lui faites votre imitation de Chirac, il vous sourit et vous vous dites qu'il vous trouve drôle.
- Vous vous réveillez en sueur ; vous rêviez que vous preniez la température de votre fils avec un thermomètre rectal.
- Vous faites chauffer l'eau du bib' avant d'ajouter la poudre.
- Votre crevette n'a pas mangé depuis trois heures et vous lui donnez un biberon
- C'est dimanche, vous vous réjouissez car bébé va dormir plus longtemps.
- Vous lui donnez son biberon froid.
- Vous avez choisi votre pédiatre parce que c'est celui du cousin germain de Nolwenn (de la Star Ac').
- Depuis qu'on vous a dit que le nouveau-né voyait à 20 cm, vous vous rasez chaque jour.
- Après le bain, utilisez le sèche-cheveux pour sécher bébé.
- Vous gardez votre bébé une soirée ; il n'a pas sommeil ; vous veillez avec lui jusqu'à 23 h.
- Bébé n'a pas fait son rot, vous le couchez sur le côté.
- Votre bébé naît si poilu que vous reprochez à votre compagne de vous avoir caché un cousinage avec Demis Roussos.
- Vous prenez sa température sous le bras, et vous ajoutez un degré au chiffre obtenu.
- Pour qu'il finisse de manger avant le match à la télé, vous lui donnez son biberon sur la position 3.
- Pour que votre fils de 3 semaines s'endorme avec ses « potes », vous mettez 5 ou 6 peluches dans son dortoir.

- Pour le calmer, vous le mettez devant le lave-vaisselle.
- Vous commencez le « livre de vie » de votre bébé en collant la facture de l'hôpital.
- Le petit goinfre a fini tout son biberon, et vous lui en proposez un autre.
- Vous annulez vos vacances à Ibiza car un nourrisson ne peut pas prendre l'avion.
- Votre pédiatre vous dit que votre fils a des croûtes de lait, et vous vous demandez qui lui a versé un biberon sur le crâne.
- Votre premier enfant est là, tout beau, tout mignon, et d'un sourire plein de dents, vous dites à votre compagne : « Quand est-ce qu'on en refait un ? »
- Vous vous réjouissez quand on vous annonce son envie d'allaiter : le lait maternel est quand même meilleur marché.
- Le congé paternité, c'est pas mal du tout, ça permet de ranger son bureau quand on n'a jamais le temps de le faire.
- Vous ne pouvez venir que l'après-midi à la maternité, vous demandez qu'on donne le bain à votre fils à ce moment-là.
- Vous n'avez plus de gel de bain, vous utilisez du savon de Marseille pour faire mousser votre bébé.
- Vous lui coupez les ongles pendant qu'il dort.
- Vous dites à votre bébé que vous allez voir Nemo avant de partir au ciné.
- Vous le mettez entre vous deux dans le lit pour l'endormir.
- Vous êtes en panne de couche, vous piquez une serviette hygiénique à votre copine.
- Un biberon au Perrier, ça doit aider les petits rots.
- Vous changez de voiture pour une Yaris : c'est bien connu, le matériel de bébé à trimbaler est proportionnel à la taille du nouveau-né.

Une majorité de ☼

Vous êtes une encyclopédie vivante de la puériculture !
POTENTIEL PRATIQUE : 100 %

Vous avez la « main rose » comme on dit des bons jardiniers qu'ils ont la main verte. La paternité, c'est votre second métier, mais celui-là, vous pouvez dire que c'est vraiment une vocation, une langue que vous parlez depuis belle lurette. Vous avez vu Trois hommes et un couffin 34 fois au moins au cinéma (7 fois en DVD, bonus inclus) ; dans la salle d'attente du doc, c'est Famili que vous parcourez, pas Auto Plus ; vous faisiez fureur dans les repas de famille en pliant votre serviette de table comme la couche d'un nourrisson. C'est vrai, dès qu'il y a un bébé à changer dans les parages, vous levez le doigt, vous êtes toujours prêt. Vous aimez mettre les mains dans le cambouis, les TP, depuis la fac, c'est votre truc. Tout petit déjà, vous vouliez être papa-pompier. Vous avez le gène qui fait qu'à n'importe quelle heure, n'importe où, vous êtes prêt à assurer un biberon, un change, à guérir un bobo sur-le-champ. Vous, vous n'avez pas pu être sage-femme, alors vous avez décidé de faire un bébé... Y en a 3 ou 4 comme ça dans le monde, vous êtes l'un d'eux !

Une majorité de ☁

De bonnes bases, sans plus...
POTENTIEL PRATIQUE : 65 %

Mouais... C'est pas mal. On voit bien que vous êtes plein de bonne volonté, vous vous lancez parfois, vous avez quelques bonnes bases, vous vous intéressez au sujet, c'est net, vous mémorisez pas mal les conseils... Mais vous doutez tellement de vos capacités que même faire un bébé vous paraissait un chouia ambitieux (souvenez-vous, quand on vous demandait si vous vouliez une fille ou un garçon, vous répondiez volontiers : « Un bébé, ça sera déjà pas mal »). Alors, regardez donc les autres faire (d'abord à la maternité), posez des questions et, surtout, prenez confiance en vous. Ce bébé, vous avez décidé de le faire tous les deux, c'est bien qu'il ne vous a pas manqué un certain sens pratique à un moment où à un autre, si vous voyez ce que je veux dire...

Une majorité de

Vous partez de loin...
POTENTIEL PRATIQUE : 20 %

Comment vous le dire gentiment : il faut tout changer, mais alors tout (à commencer par la couche du petit machin, que j'entends pleurer d'ici). Vous savez très peu de choses de l'univers tout rose du nouveau-né, à part qu'il se nourrit plutôt de lait que de tournedos (et encore, vous avez soudain un doute). Vous avez tendance à faire tout à l'envers : vous le réveillez quand il faudrait le laisser dormir, vous pensez qu'il a faim quand il a froid ou mal au ventre, ou vous le couvrez quand il a de la fièvre, vous n'en faites pas assez ou vous en faites trop. C'est un truc, y a rien à faire, vous ne l'avez pas. Pourtant, vous ne savez pas ce que vous ratez : les biberons sous la lune rousse, le sourire qui vient après le mal au ventre, la balade au long cours en porte-bébé. Relisez le premier chapitre, peut-être même le deuxième... et les suivants. Tiens, relisez tout, deux ou trois fois. Apprenez quelques pages par cœur, ça viendra peut-être comme ça. Et puis ce n'est pas impossible que ça ne vienne pas. Essayez au moins de donner un bib' de temps en temps. Et même si vous avez deux mains gauches, il trouvera ça marrant quand il sera plus grand !

Bibliographie

- Je vais être papa,
  par Gérard Strouk et Corinne Vilder Bompard,
  Éditions du Rocher, 2001.
- Bébé, dis-moi qui tu es,
  par Philippe Grandsenne, Bayard, 1999.
- Je prends soin de mon bébé,
  par Frances Williams, Solar, 2003.
- L'Enfant bien portant,
  par Aldo Naouri, Seuil, 1993.
- Le Bébé, par Marie Darrieussecq,
  POL, 2002.
- Les Pères n'ont rien à faire
  à la maternité,
  par Bernard Fonty, First, 2003.

Où prendre des petits « cours de paternité » ?

Si vous souhaitez exprimer votre angoisse de la paternité, une peur quelconque liée à l'enfant ou au changement de vie que celui-ci suscite, des groupes de parole, le plus souvent animés par un obstétricien (homme), un(e) sage-femme, un psychologue ou tout simplement un jeune père, vous accueillent dans certaines maternités, avant ou même après l'accouchement. En voici quelques-uns :

- Maternité privée du Blanc-Mesnil : 7, avenue Henri-Barbusse, 93156 Le Blanc-Mesnil. Tél. : 01 45 91 55 65. Contact : Dr Philippe Révillon.
- Clinique du Bois-d'Amour : 19-21, avenue du Bois-d'Amour, 93705 Drancy. Tél. : 01 41 60 90 90. Contact : Geneviève Wrobel (groupe ouvert aussi aux femmes enceintes)
- Hôpital des métallurgistes-Les Bluets. Tél. : 01 53 36 41 00 Contact : Dr Luc Gourand
- Institut Mutualiste Montsouris : 42, bd Jourdan, 75014 Paris. Tél. : 01 46 68 30 60. Contact. Benoît Le Goëdec.
- Maternité de l'hôpital Saint-Vincent-de-Paul. 82, av. Denfer-Rochereau, 75014 Paris. Tél. : 01 40 48 81 51/52.
- Maternité Etoile Catholique de Provence : route de Puyricard, 13540 Aix-en-Provence. Tél. : 04 42 17 07 17. Contact : Christophe Chouillet
- Maternités des Lilas : 14, rue du Coq-Français, 93260 Les Lilas. Tél. : 01 49 72 64 65. Contact : Dr Gérard Strouk.
- A noter :

L'association Saint-Raphaël organise avec le Dr Alan Benoît des réunions mensuelles (chaque premier mardi de chaque mois) ouvertes à tous les futurs papas : 15, av. du Bois de Verrières, 92160 Antony. Tél. : Contact : Dr Alain Benoît
(Merci de m'écrire aux éditions First pour enrichir cette liste d'autres lieux, d'autres adresses.)

Les 20 petits bonheurs du jeune papa

- Je pousse son petit chariot chauffant vers la chambre de sa maman qui ne va pas tarder à se réveiller de sa césarienne. J'ai l'impression qu'on lui joue un tour tous les deux.
- Accroupi, je l'observe à travers la vitre de son berceau translucide : son ventre se soulève, ses yeux papillonnent (il rêve ?), ses lèvres tètent dans le vide.
- Le regard fier et attendri (« Tu l'as fait... On l'a fait... ») de ma compagne dans la voiture quand on quitte la maternité ce mardi matin.
- Cette nuit noire où plus rien ne bouge, comme une parenthèse enchantée, où l'on est seuls, lui et moi, seul à seul, en tête-à-tête.
- L'instant où je l'ai tenu dans les bras et où j'ai discrètement compté le nombre de ses doigts pour arriver à un nombre impair.
- Quelques minutes après la naissance, je me retrouve seul avec lui, je mets ma main au-dessus de sa tête pour que la lumière vive ne l'aveugle pas, il ouvre en grand ses petits yeux.
- La première nuit sans maman, où l'on fait des câlins jusqu'à plus soif, on se permet de se coucher vers 22 h.
- Le « vol » du petit bracelet qui porte son nom, que j'enfouis dans ma poche comme un trésor secret.
- Je le saisis pour la première fois avec mes grosses mains pleines de doigts, comme si j'avais fait ça toute ma vie.
- Ce prénom qui résonne et que je me répète à l'infini comme pour bien me persuader que, oui, je suis vraiment son père.
- Cette balade dans le parc, avec le porte-bébé, j'épie les regards, fier comme si j'étais enceint, oui, enceint, à mon tour.
- Je me glisse par effraction, à quatre pattes, dans sa chambre, pour l'observer en train de babiller, de regarder ses mains, ses pieds.

- Les premières bulles qui s'échappent du premier biberon que je lui donne, signes qu'il tète bien, que je suis un chef, un papa, un vrai.
- Cet instant magique où il s'immobilise, la première fois que je l'habille, comme pour me donner un coup de main.
- Le bruit de papier-cadeau, quand je le tapote sur sa grosse couche en le berçant.
- Ce sourire qui se dessine sur son visage devant ce nouveau bruit que je viens d'inventer.
- Ce matin doux où l'on se réveille en sursaut à 8 h 32 tous les deux : il n'a pas pleuré, il n'a pas appelé, il a fait sa première nuit de « grand ».
- Je l'allonge sur mes genoux, je lui caresse la tête d'une main, de l'autre, j'écris mon article pendant une heure...

Petit index pour s'y retrouver en cas de panique

Petit index pour s'y retrouver en cas d'urgence
Vous rencontrez un problème ?
Vous vous posez une question sur votre bébé ? Cherchez le mot clé, vous trouverez immédiatement la réponse...